Oliver Helmert

Cloud- vs. On Premises-Umgebung

Oliver Helmert

Cloud- vs. On Premises-Umgebung

Aufwandsvergleich am Beispiel Office 365

Lehrbuchverlag

Imprint

Cover image: www.ingimage.com

Publisher:
Der Lehrbuchverlag
is a trademark of
International Book Market Service Ltd., member of OmniScriptum Publishing Group
17 Meldrum Street, Beau Bassin 71504, Mauritius

Printed at: see last page
ISBN: 978-620-0-27144-0

Inhaltsverzeichnis

Abbildungsverzeichnis

Abkürzungsverzeichnis

AD	Active Directory
BSI	Bundesamt für Sicherheit in der Informationstechnik
CAPEX	capital expenditure
CIFS	Common Internet File System
DHCP	Dynamic Host Configuration Protocol
DMZ	Demilitarisierte Zone
DNS	Domain Name System
DSGVO	Datenschutz-Grundverordnung
IaaS	Infrastructure as a Service
IP	Internet Protocol
LAN	Local Area Network
MX	Mail Exchange Resource Record
OPEX	operational expenditure
PaaS	Platform as a Service
SaaS	Software as a Service
SPF	Sender Policy Framework
URL	Uniform Resource Locator
USV	Unterbrechungsfreie Stromversorgung
WAN	Wide Area Network

1. Einführung

„Nutzung von Cloud Computing in Unternehmen boomt" [1]
Die Überschrift eines Artikels bei bitkom vom 14.03.2017 beschreibt den Trend, den wir in unserem Unternehmen auch spüren. Immer mehr Unternehmen entscheiden sich viele ihrer Dienste in die Cloud zu verlagern. Hierbei stößt man immer wieder auf verschiedenste Meinungen und gerät in Diskussionen um Datensicherheit aber auch Ressourcen.
Viele stehen einer Cloud-Lösung skeptisch gegenüber und möchten nur ungern die Kontrolle über die Daten oder ihre eigenen Systeme verlieren.
Daneben gibt es weitere Faktoren, die bei einer möglichen Nutzung von Cloud-Diensten zu diskutieren sind. Kosten spielen eine wichtige Rolle bei Unternehmen. Damit einhergehend Ressourcen in Form von Arbeitszeit der IT-Administration bzw. der Mehraufwand bei einem Parallel-Betrieb in der Umstellungsphase.
Während Start-Ups oder Unternehmen nicht ganz so komplexe Bestandssysteme und damit weniger Aufwand beim Einführen von Cloud-Diensten haben, gibt es bei Firmen mit langjährig gewachsenen IT-Systemen viele Punkte zu beachten und von Anfang an mit zu betrachten. Je nachdem wie viele und welche Dienste zu einem Cloud-Dienst verlagert werden soll, gibt es mehr oder weniger Daten zu migrieren und damit mögliche Aufwände zu planen.
Bei Neueinführung einer gesamten IT-Infrastruktur stellt sich genauso die Frage:
Cloud- oder On-Premises (also Server/Client-Betrieb lokal auf eigener Hardware) - Umgebung? Möglich ist auch eine Mischung in Form einer Hybrid-Umgebung.

1.1. Zielsetzung

Das Ziel dieser Bachelorarbeit ist es, den Aufwand bei der Einführung einer cloudbasierten sowie einer On-Premises IT-Umgebung festzuhalten und diese miteinander zu vergleichen. Nach der Implementierung zweier Umgebungen am Beispiel Office 365 von Microsoft, erfolgt anhand des Vergleichs eine Gegenüberstellung der Systeme und dessen Aufwände. Hierbei werden die Vor- und Nachteile aufgezeigt und tiefer beleuchtet. Anhand dessen dient diese Arbeit als eine Art Hilfestellung zur Entscheidungsfindung für die IT-Administration sowie auch IT-Verantwortliche.

1.2. Aufbau der Arbeit

Nach dem Gundlagenkapitel, in dem die Begrifflichkeiten in Bezug auf Cloud-Computing vorgestellt werden, geht die Arbeit kurz auf einige Erfahrungen anderer sowie auf Verwandte Arbeiten ein. Hier werden auch die Grundlagen von Office 365 behandelt.
Im darauffolgenden Kapitel werden die implementierten IT-Umgebungen als Beispiele aus der Praxis vorgestellt. Hierbei weise ich darauf hin, dass die Namen der Unternehmen Pseudonymisiert wurden. Zusätzlich wird noch auf die Mischform Hybridumgebung eingegangen.
Danach erfolgt der eigentliche Aufwandsvergleich anhand definierter Faktoren sowie eine Zusammenfassung. Anhand der Kriterien entstehen wiederum Hinweise und Erkenntnisse für Andere, aus denen sich eigene Erkenntnisse ziehen lassen bzw. eine Entscheidungsfindung herbeigeführt werden kann.
Den Abschluss der Arbeit bildet ein Ausblick auf die zukünftige Entwicklung im Bereich Cloud-Services und Cloud-Computing für Unternehmen.

2. Grundlagen

2.1. Begriffe

2.1.1. Cloud bzw. Cloud-Computing

Kurz gesagt ist Cloud-Computing IT-Infrastruktur, welche von sogenannten Service-Providern angeboten wird. Die Ressourcen wie Speicherplatz, Rechenleistung oder auch Services und Software werden dort genutzt und müssen nicht selbst bereitgestellt werden. Oft wird für den Begriff Cloud Computing die Definition des National Institute of Standards and Technology genutzt:

> *" Cloud computing is a model for enabling ubiquitous, convenient, on-demand network access to a shared pool of configurable computing resources (e.g., networks, servers, storage, applications, and services) that can be rapidly provisioned and released with minimal management effort or service provider interaction. This cloud model is composed of five essential characteristics, three service models, and four deployment models. " [2]*

Die erwähnten fünf Charakteristika sind auf den Seiten des BSI folgendermaßen übersetzt:

1. ***On-demand Self Service:*** *Die Provisionierung der Ressourcen (z. B. Rechenleistung, Storage) läuft automatisch ohne Interaktion mit dem Service Provider ab.*

2. ***Broad Network Access:*** *Die Services sind mit Standard-Mechanismen über das Netz verfügbar und nicht an einen bestimmten Client gebunden.*

3. ***Ressource Pooling:*** *Die Ressourcen des Anbieters liegen in einem Pool vor, aus dem sich viele Anwender bedienen können (Multi-Tenant Modell). Dabei wissen die Anwender nicht, wo die Ressourcen sich befinden, sie können aber vertraglich den Speicherort, also z. B. Region, Land oder Rechenzentrum, festlegen.*

4. ***Rapid Elasticity:*** *Die Services können schnell und elastisch zur Verfügung gestellt werden, in manchen Fällen auch automatisch. Aus Anwendersicht scheinen die Ressourcen daher unendlich zu sein.*

5. ***Measured Services:*** *Die Ressourcennutzung kann gemessen und überwacht werden und entsprechend bemessen auch den Cloud-Anwendern zur Verfügung gestellt werden. [3]*

2.1.2. Bereitstellungsmodelle

Mit den vier Bereitstellungsmodellen wird unterschieden für wen die Infrastruktur zur Verfügung gestellt wird und wo diese betrieben wird:

Private Cloud: exklusiv für nur eine Organisation; kann im eigenen Rechenzentrum oder in fremden betrieben werden.

Public Cloud: nutzbar für jeden, also die allgemeine Öffentlichkeit oder großen Gruppen; werden von einem Anbieter betrieben.

Community Cloud: für Gemeinschaften mit gleichem Interesse (z.B. Polizei, Schulen usw.); kann von einer der Organisationen oder einem Dritten betrieben werden.

Hybrid Cloud: wenn zwei oder mehrere der oben genannten Modelle zwar für sich eigenständig aber per standardisierten Schnittstellen verbunden sind.

2.1.3. Servicemodelle

Welche Ressourcen (Services) genutzt werden, wird in den drei Servicemodellen differenziert:

> ***Software as a Service (Saas):*** *Ein Service-Provider stellt Software und Anwendungen über das Internet bereit. Die Nutzer „abonnieren" die Software und greifen per Web oder über APIs des Anbieters darauf zu.*
>
> ***Platform as a Service (PaaS):*** *Ein Service-Provider bietet den Nutzern Zugang zu einer Cloud-basierten Umgebung, in der sie Anwendungen entwickeln und bereitstellen können. Der Provider stellt die zugrunde liegende Infrastruktur zur Verfügung.*
>
> ***Infrastructure as a Service (IaaS):*** *Ein Provider bietet Kunden Zugang zu Speicher, Netzwerkkomponenten, Servern und weiteren IT-Ressourcen in der Cloud, die auf der Basis der Nutzung abgerechnet werden. [4]*

Die einzelnen Modelle bauen aufeinander auf. Hierbei ist IaaS als die untere Plattform zu sehen auf der dann die Anwendungen und Plattformen aufbauen. Darauf wiederrum werden Services als komplette Software angeboten (SaaS).
Hier veranschaulicht aus der Sicht der IT-Administration. Die grauen Felder werden in der Cloud betrieben und müssen nicht mehr selbst verwaltet werden:

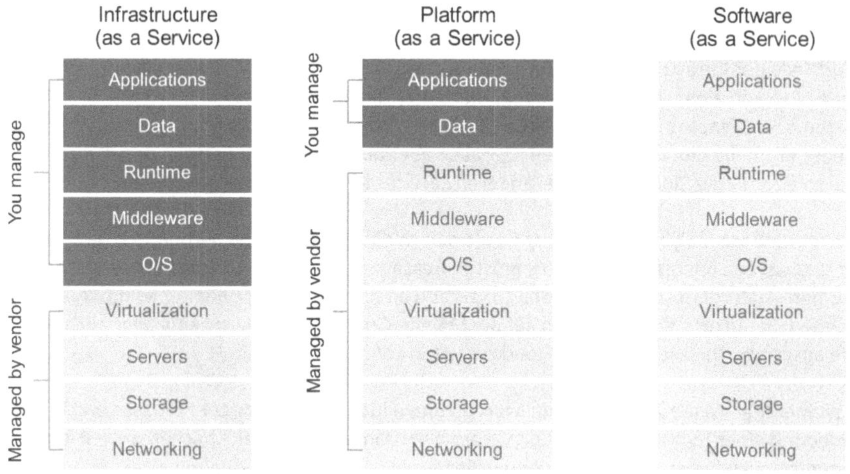

Abbildung 1: Servicemodelle Cloud

2.1.4. On-Premises

Wird in der eigenen Umgebung IT-Infrastruktur betrieben spricht man von der On-Premises-Umgebung. Die Hardware für die eigene Infrastruktur (Netzwerkkomponenten, Server und z.B. Datenbanken) werden lokal betrieben und meist selbst verwaltet. Hier ist die Organisation für alle Stufen der Infrastruktur verantwortlich:

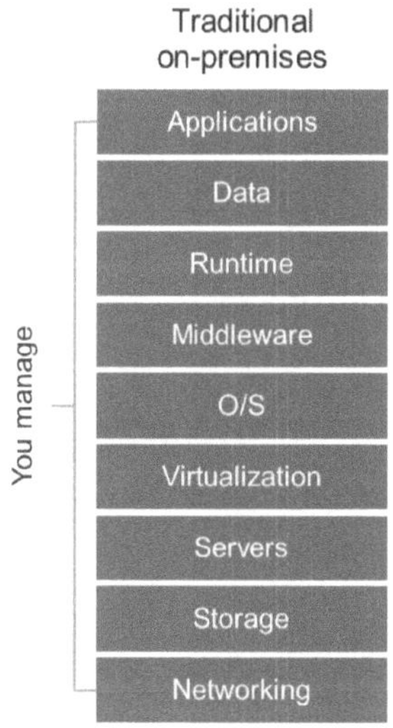

Abbildung 2: Modell On-Premises

2.1.5. Hybrid-Umgebung

Sind Teile der Infrastruktur noch On-Premises und andere in die Cloud ausgelagert, spricht man auch von einer Hybrid-Umgebung. Hierbei verlagern Unternehmen nur Teile ihrer Daten bzw. Dienste in die Cloud. Dieser Zustand wird oft genutzt um einen „weichen" Übergang in die Cloud zu vollziehen. Genauso aber auch wenn zum Beispiel bestimmte Daten nicht in die Cloud sollen, bei anderen Services aber nichts dagegenspricht.

Der Betrieb einer Hybrid-Umgebung ist oftmals mit hohem Aufwand verbunden. Da zwei Umgebungen administriert werden, müssen Ressourcen für beide Lösungen bereitgestellt werden. Außerdem sollen die beiden Umgebungen bestenfalls miteinander kommunizieren können. Benutzer sollen weiterhin auf die Dienste On-Premises, gleichzeitig aber auch auf die ausgelagerten Dienste in der Cloud zugreifen können.

Bei einer Mail-Migration als Beispiel werden die beiden Mail-Server On-Premises und in der Cloud mit einer Hybrid-Konfiguration verbunden. Danach können Postfächer sowohl in der Cloud als auch in der eigenen Umgebung liegen. Alle Benutzer müssen mit allen anderen Benutzern, egal wo Sie angelegt sind, kommunizieren können und zum Beispiel auch auf eine gemeinsame Kontaktliste (Globale Adressliste) oder auch Besprechungsräume zugreifen können. Hierbei darf es auch keine Konflikte (doppelte Benutzer) geben und auch ein sauber funktionierendes Mail-Routing muss gewährleistet sein.

Vorteil einer Hybrid-Umgebung ist hingegen der weichere Übergang in die Cloud. Man kann sich unkritische Dienste herausnehmen und diese in der Cloud testen.
Falls doch etwas nicht klappt oder man sich gegen die Cloud-Lösung entscheidet hat man immer noch die eigene Umgebung, auf die man zurück gehen kann.
Außerdem kann man sich an die Cloud-Lösung gewöhnen und hat nicht eine harte Umstellung auf ein neues System zu bewältigen. Um wieder das Beispiel Mail-Migration aufzugreifen: Die Migration findet über einen langen Zeitraum statt. Die IT-Administration kann sich die Ressourcen einplanen wann welcher Benutzer umgezogen wird.

2.2. Office 365 / Microsoft Azure

Da in dieser Arbeit die Dienste der Cloud-Lösung Office 365 von Microsoft als Beispiel genutzt wurden, werden im Folgenden Abschnitt die nötigsten Grundlagen hierzu erläutert. Office 365 ist ein Cloud-Produkt von Microsoft, welches zentrale Dienste wie Mail, File, Kommunikation u.v.m. als Software as a Service anbietet.

Erfahrungsgemäß besteht oft Verwechslungsgefahr zum gleichnamigen Office-Produkt (Office 2010-2016) welches nur die bekannten Produkte wie Word, Excel, Power-Point usw. enthält. Diese Software-Produkte können unter dem Namen Office ProPlus bzw. Office Business ebenso bezogen werden. Unter Office 365 verstehen wir aber eine weitaus größere Ansammlung an Cloud-Produkten. Ein Überblick erscheint auf den nächsten Seiten. Ebenso werden die später verwendeten wichtigsten Produkte aus den Praxis-Beispielen vorgestellt.

2.2.1. Lizenzmodelle

Je nach gewähltem Lizenz-Modell mietet man sich eine gewisse Anzahl dieser Dienste.
Für Mail zum Beispiel bekommt man Postfächer in Exchange Online angelegt. Möchte man Kommunikationsformen wie Chatten, Video- und Audiotelefonie nutzen, bucht man sich Produkte wie Skype for Business bzw. Microsoft Teams hinzu. Der Begriff „mieten“, ist in diesem Fall passend da die Dienste jeweils an Laufzeiten gebunden sind. Der Begriff des Mieters (engl. Tenant) taucht im Zusammenhang mit Office 365 sehr häufig auf. Das Zugangs-Portal, an dem man sich anmeldet, nennt man aus der Übersetzung heraus in der Praxis „den Tenant“. Die Produkte werden in verschiedenen Ausführungen, sogenannten Plänen, angeboten. Ins Deutsche übersetzt bedeuten Pläne etwa Tarife.
In dieser Matrix-Übersicht werden die verschiedenen Produkte und Pläne von Office 365 veranschaulicht (Stand: 28.03.2019).

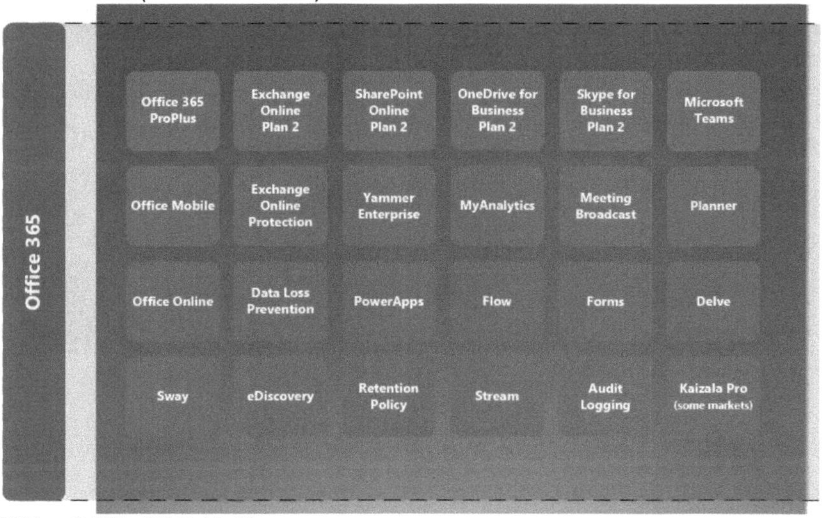

Abbildung 3: Office 365 Matrix [5]

Neben Office 365 gibt es weitere Dienste wie Enterprise Mobility + Security (EMS) die alle im Überbegriff Microsoft 365 zusammengeführt sind.

Gesamt-Übersicht der Microsoft 365 Produkte:

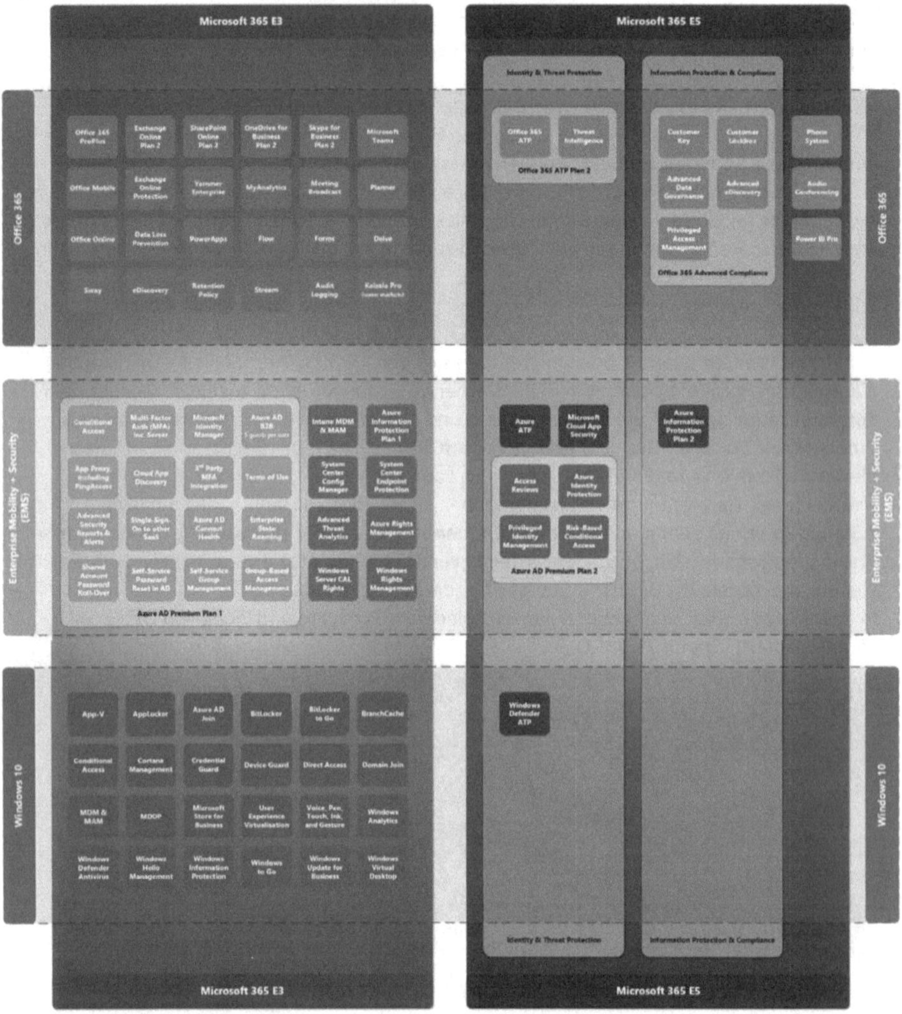

Abbildung 4: Übersicht Microsoft 365 [5]

2.2.2. Office 365 Dienste (Auszug)

Azure Active Directory:

Als Plattform der Office 365 Dienste dient das Microsoft eigene Produkt Microsoft Azure. Die Begriffe werden häufig miteinander vermischt. Dabei sind es im Grunde zwei getrennte Cloud-Produkte. Während Office 365 rein Software as a Service ist, bietet Azure Infrastructure as a Service an. Hierüber kann man sich Infrastruktur-Ressourcen wie Server, Datenbanken usw. mieten. Office 365 nutzt diese vorhandene Infrastruktur quasi selbst für deren Services. Zum Beispiel der Verzeichnisdienst Azure AD (Azure Active Directory). Der Dienst ist die Benutzerverwaltung für die Office 365-Benutzer, ist aber wie der Name schon verrät ein Produkt von Microsoft Azure.

Abbildung 5: Azure Active Directory

Computerweekly.de beschreibt den Dienst Azure Active Directory folgendermaßen:

> *„Microsoft Azure Active Directory (Azure AD) ist ein Cloud-Dienst von Microsoft Azure, der Administratoren die Möglichkeit eröffnet, Identitäten und Zugriffsrechte für Anwender zu verwalten.*
>
> *Azure Active Directory ist die cloudbasierte Variante von Microsofts Verzeichnisdienst Active Directory und gibt Administratoren die Freiheit der Entscheidung, welche Information in der Cloud bleibt, wer Informationen verwalten oder verwenden kann, welche Dienste oder Anwendungen auf die Information zugreifen können und welche Endanwender Zugriff darauf haben." [6]*

Mit einer gewohnten Active Directory in einer lokalen Microsoft AD Umgebung ist der Verzeichnisdienst nicht zu vergleichen. Hier fehlen viele AD-Funktionalitäten wie Gruppenrichtlinien, DNS oder CIFS.

Sharepoint Online:

Sharepoint dient als der zentrale Speicherort für Informationen, Dateien, Websites und Teamsites in Office 365. Es ist die Plattform, in der diese Daten strukturiert abgelegt und mittels Zugriffsberechtigungen verwaltet werden.
Unternehmen nutzen Sharepoint häufig als Intranet-Plattform aber auch zum Speichern und Teilen von Dateien mit Externen wie später auch im Praxis-Beispiel angewendet. Es kann einen klassischen File-Server ablösen, da sich die Ordnerstruktur wie gewohnt auch in den Datei-Explorer einbinden lässt.
Auch hier findet sich unter Computerweekly.de eine Beschreibung dieses Dienstes:

> *„Microsoft SharePoint Online ist eine Sammlung von Cloud- und webbasierten Technologien, die das Speichern, Teilen und die Verwaltung digitaler Informationen in Unternehmen vereinfachen soll.*
>
> *SharePoint Online soll die team- und unternehmensübergreifende Zusammenarbeit von Kollegen, externen Partnern und Kunden fördern." [8]*

Hier als Beispiel die typische Startseite einer Website in Sharepoint:

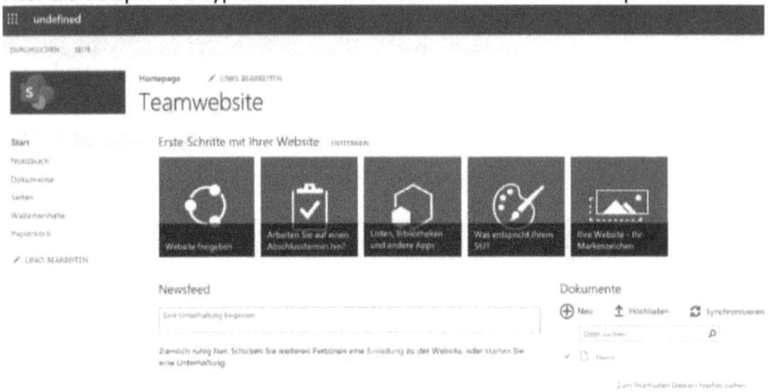

Abbildung 6: Sharepoint-Website Startseite [9]

Microsoft Teams:

Dieser Dienst ist noch relativ neu (Start 14. März 2017) und dient zur Zusammenarbeit und als Kommunikations-Plattform. Hierbei geht es nicht nur um die interne, sondern auch um externe Zusammenarbeit und Kommunikation. Das Produkt vereint mehrere Funktionen wie Chat, Besprechungen, Dateiablage und Zusammenarbeit an Dokumente auf Teamseiten.
Je nach Konfiguration ist es auch möglich all diese Funktionen mit externen Kontakten zu verwenden. Hierzu lassen sich Dateien an externe per Link freigeben und so gemeinsam zum Beispiel an einem Dokument arbeiten. Außerdem können Besprechungen per Video- oder Audiokonferenz abgehalten werden. Intern werden Teams oft auch Abteilungsweise erstellt oder ein globales Team als Intranet-Seite für alle angeboten.
Hier eine der vielen Definitionen von Microsoft Teams:

„Microsoft Teams ist ein Chat-basiertes Collaboration Tool, das zu den Serviceangeboten innerhalb von Office 365 gehört. Microsoft Teams ermöglicht es lokalen und dezentralen Mitarbeitern in Echtzeit zusammenzuarbeiten. Es bietet anpassbare Arbeitsbereiche und Gastzugänge, um Business to Business (B2B) Projekt-Management zu erleichtern." [10]

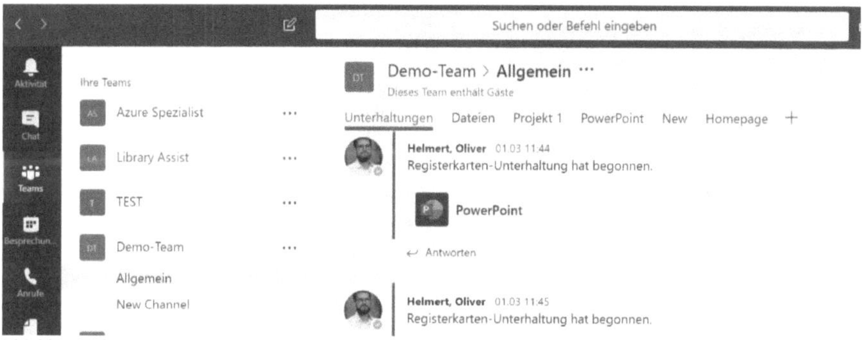

Abbildung 7: Beispiel-Ansicht Teams-Client [11]

Exchange Online:

Mit diesem Dienst bietet Microsoft seine eigene Mail-Plattform Exchange Server als Cloud-gehostete Version an. Die Funktionen umfassen neben Email auch Kalender, Kontakte, Notizen und Aufgaben.
Neben der Integration in die passenden Microsoft-Produkt wie Outlook und Skype for Business bietet sich die Möglichkeit auch per Webbrowser seine Mails abzurufen. Der Zugriff per „Active Sync" ermöglicht den Zugriff auch auf mobilen Geräten.
Wer Outlook und Exchange von den On-Premises Produkten kennt wird eine große Ähnlichkeit feststellen können. Viele Unternehmen die bereits Exchange Server in der eigenen Umgebung hatten tendieren dazu die Infrastruktur für Mailing nach Office 365 zu verlagern. Diese ist häufig komplex da gerade bei Mails auf eine hohe Ausfallsicherheit gesetzt wird. Mehrere Server in getrennten Rechenzentren sind üblich.
Mit Exchange Online hat man auch die gewohnten administrativen Möglichkeiten, die man aus der On-Premises Umgebung kennt. Andere Mail-Provider bieten nur das Postfach an, ohne das hier detailliertere Einstellungen getätigt werden können.

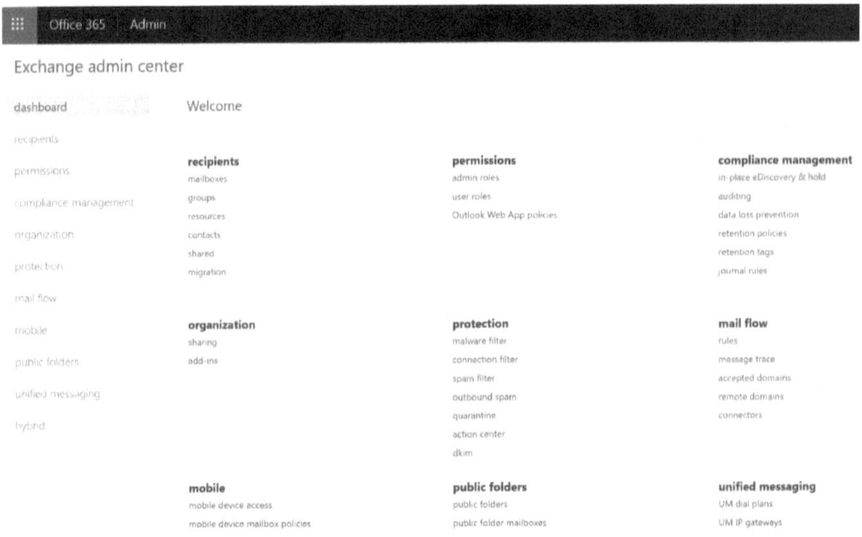

Abbildung 8: Admin-Center Exchange Online [12]

In Office 365 ist es ohne weiteres möglich seine eigene Mail-Domain zu verwenden. Technisch wird hierfür ein TXT-Wert in der eigenen DNS-Zone benötigt. Nach Verifizierung der Domain können die weiteren notwendigen DNS-Werte wie MX-Record und SPF-Record (Sender Policy Framework) gesetzt werden. Das Mail-Routing erfolgt dann direkt über die Mail-Server bei Microsoft. Ein Grundlegender Spam-Schutz ist in der Standard-Version von Exchange Online immer gegeben. Einen erweiterten Schutz kann man sich hinzumieten. Dieser enthält noch zusätzliche Features wie Scannen von Anhängen, URL-Blocking und ein Sandbox-Verfahren für ausführbare Dateien.

Alle Dienste in Office 365 sind als Software oder App auf einem Computer nutzbar.
Für die meisten Dienste gibt es Apps auf verschiedenen Betriebssystem-Plattformen.
Daneben sind alle Dienste auch per Webbrowser aufrufbar. Damit ist es möglich weltweit auf seine Dateien, E-Mails und Teams zuzugreifen. Beim Anmelden am Startportal erscheinen alle lizensierten Applikationen:

Abbildung 9: Web-Apps Office 365

Dies ergibt die Möglichkeit sehr effektiv und ohne eigene Hardware so gut wie von überall zu arbeiten.
Was ein großer Vorteil ist, bringt natürlich auch gewisse Gefahren mit sich. Da der Zugriff von jedem Computer aus möglich ist, kann es auch auf ungesicherten Geräten einen Zugriff geben. Hierbei besteht zum Beispiel die Gefahr des Datenverlustes oder Anfangen des Kennwortes.
Der Zugriff auf Cloud-Dienste von einem öffentlichen Computer-System sollte am besten gar nicht oder mit einer gewissen Vorsicht getan werden.
Office 365 bietet aber auch hier Schutzmechanismen um solche Zugriffe einzuschränken oder sogar ganz zu verbieten.

2.3. Verwandte Arbeiten

Zum Vergleich zwischen Cloud und On-Premises finden sich eine Vielzahl von Artikeln. Auch wenn der Hype um das Thema Cloud noch vor ein paar Jahren weniger groß war gab es bereits Vergleiche zwischen diesen Lösungen.
Crisp Research zum Beispiel vergleicht die beiden Lösungen in einem Artikel aus 2011 und stellt noch als dritte Variante, die Managed Services gegenüber. Mit Managed Services ist der Betrieb der eigenen Infrastruktur über einen externen Dienstleister gemeint.
Hier wird im Fazit bereits die Cloud-Lösung als bevorzugte Lösung herangezogen:

> *„Lediglich Unternehmen, die bereits hohe Investitionen in das eigene Rechenzentrum vorgenommen haben oder diejenigen, die auf Grund von rechtlichen Hindernissen oder anderweitiger Regularien ihre Daten nicht bei einem Drittanbieter speichern dürfen, können zunächst davon absehen. Sie sollten sich für zukünftige Investitionen aber zumindest Gedanken über den Ansatz eines Hybrid Cloud Modells machen.*
>
> *Alle anderen Unternehmen sollten schließlich auf einen Managed Service Provider oder einen Cloud Computing Anbieter zurückgreifen." [13]*

Der Vergleich bezieht viele Faktoren mit ein, die wir später auch verwenden werden.

Ein reiner Kostenvergleich findet sich in einem Artikel von Techdata:
Hardware vs. Cloud Infrastruktur – Kostenvergleich (http://tdinsight.at/news-beitrag/hardware-vs-cloud-infrastruktur-kostenvergleich)
Hier werden die virtuellen Server in einer eigenen Umgebung gegen die virtuellen Server beim Anbieter Microsoft auf der Plattform Azure gestellt. Die Grafik lässt erkennen, dass sich die Kosten in einer Cloud-Umgebung besser kalkulieren lassen da sie gleichbleibend sind.
Die Bezeichnungen CAPEX und OPEX beschreiben zwei Arten von Kosten.
Mit CAPEX („Capital Expenditure") sind die Anschaffungskosten gemeint. Diese Investitionskosten fallen bei der Einführung eines Systems und danach in regelmäßigen langen Abschnitten auf. Zum Beispiel bei Erneuerungen der Hardware aber auch Erweiterungen der Ressourcen.
Bei OPEX („operational expenditure") spricht man von den operativen Kosten die wiederkehrend immer Bestehen.

Die Grafik zeigt den Vorteil deutlich: Die Cloud-Lösung ist kostengünstig planbar und konstant, die Hardware-Lösung gerät mit wiederkehrenden, deutlichen Investitionsanforderungen ins Hintertreffen.

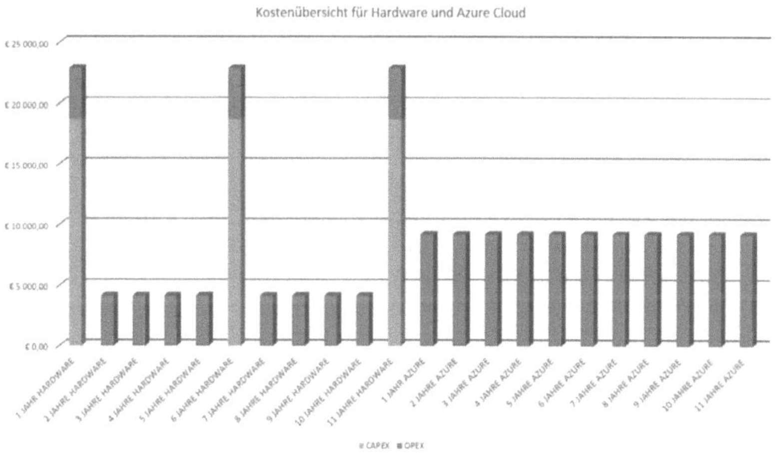

Abbildung 10: Hardware vs. Cloud – Kostenvergleich [14]

Die angesprochenen Investitionen bei der On-Premises Lösung können aber auch noch unvorhersehbarer sein. Zum Beispiel bei einem Hardware-Defekt. Hier wurde lediglich ein Kostenvergleich durchgeführt. Zu Aufwänden oder anderen Faktoren gibt es keine Hinweise.

Eine weitere Quelle von Erkenntnissen im Vergleich zwischen Cloud und On-Premises waren Kundenbefragungen vor einem Projekt bzw. bei der Vorstellung einer IT-Lösung vor einem Dienstleistungsangebot. Um den Wunsch der bevorzugten Lösung zu erkennen wurden die Kunden nach deren Meinungen bzgl. der Vor- und Nachteile der beiden Lösungen gefragt. Zusammengefasst gibt es fünf Punkte, über die sicher jeder Kunde seine Gedanken macht:

Datensicherheit, Datenschutz, Kosten, Ausfallsicherheit und Outsourcing.

Je nach Kunde fiel die Reihenfolge, sortiert nach Wichtigkeit, unterschiedlich aus. Während eine Anwaltskanzlei die höchste Priorität auf den Datenschutz legte war es dem Unternehmen mit einer instabilen und schwachen Internetleitung wichtig über die Ausfallsicherheit und die Performance der Cloud-Dienste nachzudenken. Ziel dieser Arbeit ist es auch über diese Punkte aufzuklären.

Datenschutz:

Beim Thema Datenschutz geht es um den Schutz vor Missbrauch von Daten bzw. dem Schutz vor missbräuchlicher Verarbeitung. In Bezug auf Cloud-Lösungen wird hier immer wieder diskutiert was mit den Daten geschieht, die ich einem Cloud-Service-Provider (CSP) anvertraue. Wer kann welche Daten lesen? Nutzt der CSP diese Daten weiter für Auswertungen oder gibt er sie gar an Dritte weiter?
In Bezug auf Office 365 gibt es Berichte, die darauf hindeuten, dass es bereits ein Datenleck gab und Telemetrie-Daten weiterverarbeitet wurden ohne, dass die Benutzer dies unterbinden konnten.

> *„Im November 2018 wurde bei einer Untersuchung in den Niederlanden aufgedeckt, dass aus Microsoft-Anwendungen in Office 16 und Office 365 in erheblichem Umfang verschlüsselte Telemetrie-Daten an eine Datenbank für Microsoft-Entwicklerteams gesendet werden, die zum Teil personenbezogene Daten sind. Sie sollen dazu dienen, die Anwendungen zu verbessern. Diese Datenübermittlung kann vom Benutzer nicht unterbunden werden." [15]*

Solche Veröffentlichungen schrecken natürlich noch immer viele Unternehmen davon ab eine Cloud-Lösung zu wählen.
Allerdings steht im Verlaufe des Artikels weiter, dass sich Microsoft bis April 2019 verpflichtet hat seine Produkte der DSGVO (Datenschutz-Grundverordnung) anzupassen. (Die DSGVO regelt den Datenschutz innerhalb der Europäischen Union)
Hierzu finden sich auch bei Microsoft entscheidende Hinweise:

> *„Die ersten Schritte in Richtung der Compliance mit der EU-Datenschutz-Grundverordnung (DSGVO) sind klar definiert. Die Informationen auf dieser Seite sollen Compliance-Spezialisten und IT-Implementierungsexperten die Verwaltung und den Schutz von Cloud-Daten mithilfe von Microsoft Office 365 näherbringen. Sie sollen den Prozess der Kompilierung wichtiger Berichte und Dokumentationen erklären und Unterstützung bei der Erfüllung der DSGVO-Anforderungen bieten." [16]*

Allerdings lässt sich herauslesen, dass der Endbenutzer sehr viele Einstellungen tätigen muss, um die Standard-Vorgaben herunterzuschrauben. Erst dann werden Teile der DSGVO einzuhalten. Und dies gilt auch nicht für alle Dienste.
Über das Thema Datenschutz sollten sich alle Unternehmen gut informieren und sich wenn möglich neutral beraten lassen. Nicht nur bei der Entscheidung einen Cloud-Dienst einzusetzen. Aber hier doch noch mehr als bei einer On-Premises Lösung. Hier liegt die Verantwortung zumindest bei einem selbst.

Datensicherheit:

Oft verwechselt mit dem Datenschutz geht es bei der Datensicherheit um die Frage wie sicher die Daten abgelegt sind, um den Schutz vor Datendiebstahl zu gewährleisten. Der Datenschutz betrachtet den Schutz personenbezogener Daten. Die Datensicherheit hingegen betrachtet alle Daten, auch ohne Personenbezug. Zum Beispiel will ein Unternehmen nicht, dass die geheimen Konstruktionspläne einer neuen Maschine in falsche Hände fällt.
Hier gibt es oft gegensätzliche Einschätzungen der Unternehmen. Viele überschätzen deren eigene IT-Infrastruktur in Bezug auf Sicherheit. Mit einer Firewall, einem Proxy-Server in der DMZ und einem eigenen Spam-Schutz ist es dennoch nicht immer getan.
Ein Satz von Mark Anderson, Gründer des INVNT/IP Global Consortium, einer Gruppe von Regierungs- und Sicherheitsexperten, die der Cyberkriminalität den Kampf angesagt haben, könnte manchem Unternehmen zu denken geben:

„Niemand kann heute noch behaupten, dass lokale System sicherer sind als ihr Pendant in der Cloud" ...

"Viele Unternehmen werden regelmäßig gehackt, ohne es zu wissen" [17]

Microsoft äußert sich hierzu mit folgendem Satz:

„Sicherheit ist heute ein Vollzeitjob. Deshalb stellt Microsoft Ihnen die besten und fähigsten Experten als Ihre persönlichen Ratgeber zur Seite. Unser Sicherheitskonzept basiert auf dem Security Development Lifecycle und umfasst neben der Einschränkung des Datenverkehrs auch die Prävention, Erkennung und Abwehr von Angriffen. Häufig fehlen Unternehmen die Ressourcen, um eine solche Sicherheitslösung in eigener Regie umzusetzen." [18]

Und nicht zu Unrecht sollten sich Unternehmen die Frage stellen, ob sie selbst das Budget dafür aufbringen möchten, dass dafür nötig ist, um dann festzustellen, dass es immer noch Lücken in der Datensicherheit gibt.

Kosten:

Beim Thema Kosten kann es keine einheitliche Antwort oder Erkenntnis geben da hier jedes Unternehmen mit seinen Anforderungen individuell betrachtet werden müssen. Um jedoch den Kostenvergleich fair zu gestalten müssen die Unternehmen alle Kosten einbeziehen. Wie bereits weiter oben angerissen müssen neben den einmaligen Kosten (Anschaffung, Einrichtung) die laufenden Kosten (Lizenzen, Wartung/Support) aber auch Betriebskosten wie Strom und Raummiete einbezogen werden.

Folgende Komponenten sollte man mindestens im Kopf haben, wenn man als Unternehmen einen Kostenvergleich durchführen möchte:

On-Premises	**Cloud**
Lizenzkosten für Software Wartungs- Update-Verträge	Lizenzkosten für Software
Anschaffungskosten für Hardware	
Implementierung (Installation und Konfiguration)	Implementierung (Installation und Konfiguration)
Betriebskosten	

Würde man versuchen die Infrastruktur einer Cloud-Lösung nachzubilden, bräuchte man eine so komplexe Infrastruktur, die sich wohl kein Unternehmen einfach so leisten kann. In einem Microsoft Blog steht:

> *„Eine hochverfügbare Einstiegskonfiguration für ein Setup, dass beispielsweise Office 365 E3 entspricht, verlangt nach sechs Servern: Zwei für das Web-Frontend, zwei App-Server und einen SQL-Verbund aus zwei Maschinen. Ferner fallen Kosten an für die Windows-Server-Lizenzen, SQL-Lizenzen für die Application Server der Excel-Services, SQL Server Reporting Services und PowerPivot Services." [19]*

Outsourcing:

Über diese Sorge wurde häufig in Gesprächen mit der IT-Administration diskutiert. Viele befürchten bei der Einführung einer Cloud-Lösung die Ablösung nicht nur der eigenen Systeme, sondern auch deren Administration. Das ist bei erstem Hinsehen auch begründet da ja die Systeme und deren Administration tatsächlich wegfallen werden. Was jedoch immer klar sein muss ist, dass zum einen der Weg dorthin auch begleitet und durchgeführt werden muss wobei die Administration auch benötigt wird. Zum anderen sollte man sich fragen ob es auch Gründe für das Outsourcen mancher Systeme gab. Ressourcenknappheit bei der IT-Administration kann auch dazu geführt haben sich dazu zu entschließen die Mitarbeiter/innen zu entlasten.
Außerdem solle man nicht immer davon ausgehen, dass alle ausgelagerten Dienste von allein laufen bzw. keine Administration mehr benötigen. Im Gegenteil kann aus eigener Erfahrung berichtet werden, dass sich die IT-Abteilungen eher umstrukturieren und neue Themengebiete besetzt werden müssen. Andere fallen tatsächlich hinaus aber neue kommen auch eben dazu. Am Beispiel Office 365 von Microsoft lässt sich dies auch erläutern. Manche Dienste können tatsächlich ohne größere Aufwände implementiert werden. Habe ich als Unternehmen keine Bedenken was Datenschutz angeht oder sind keine individuellen Anpassungen vorgesehen kann ich die Standard-Einstellungen übernehmen. Die Systeme laufen bis zu einem gewissen Grad eigenständig. Doch die meisten Unternehmen möchte eben genau das nicht. Es sollen alle Einstellungen zumindest betrachtet werden und für jeden Dienst nach den Vorgaben der Verantwortlichen eingerichtet werden.
Auch die regelmäßigen Aufgaben wie neue Benutzer anlegen und der Support der Endanwender bleiben auch hier meist erhalten. Besonders bei einer Umstellung, wenn die Benutzer einem neuen System ausgesetzt sind. Auch nach vorne schauend werden strategische Aufgaben innerhalb der IT weiter bestehen. Es werden ja evtl. weitere Dienste in die Cloud ausgelagert.
IT-Outsourcing und der Einkauf von Cloud-Diensten sollten aber nicht gleichgesetzt werden:

> *„Nun könnte man meinen, dass es ja gar keinen Unterschied zwischen IT-Outsourcing und Cloud Computing gibt. Das stimmt jedoch nicht! Die Nutzung von Cloud Computing und den dazugehörigen Serviceangeboten ist im Wesentlichen ein Teilbereich des IT-Outsourcing. Es hebt sich jedoch durch einige Besonderheiten vom klassischen IT-Outsourcing ab.*
>
> *Beim Cloud Computing werden integrierte, skalierbare und anpassungsfähige Applikationen zur Verfügung gestellt. Die Hard- und Software befinden sich in den Rechenzentren des Anbieters. Die sehr kurzfristige Anpassung an den tatsächlichen Bedarf ist viel schneller möglich als beim klassischen Outsourcing. Dadurch kann eine höhere Flexibilität bei geringeren Kosten erzielt werden.“ [20]*

Die Befürchtungen der IT sind berechtigt was Outsourcing generell betrifft. Dies kann aber bei einer On-Premises Umgebung genauso der Fall sein. Wenn ein externer Dienstleister die Administration der eigenen Systeme übernimmt ist dies zu vergleichen mit einem Service-Provider, der den Dienst in seiner eigenen Infrastruktur anbietet.

3. Implementierungen der Praxisbeispiele

Im folgenden Kapitel werden zwei Kundenprojekte aufgeführt, die sich bzgl. der Art der genutzten IT-Lösung stark unterscheiden. Auf der einen Seite eine reine Cloud-Lösung, auf der anderen Seite eine On-Premises-Lösung mit keinerlei Diensten in der Cloud. Größe und auch Anforderungen sind sich aber sehr ähnlich sodass ein Aufwandsvergleich möglich war.

3.1. Cloud-Umgebung

Der Kunde „Cloud-Foundation“ (Name erfunden) ist ein neu gegründetes Unternehmen, das als Abkopplung aus einer Stiftung entstand. Es gab keinerlei bestehende IT-Infrastruktur oder Server-Systeme, die betrachtet werden mussten. Für Cloud-Foundation war lediglich das Produkt Office 365 von Microsoft Vorgabe.

3.1.1. Anfrage / Konzept

In der Anforderung des Kunden wurden Angaben über Client-Hardware, Software und Service-Forderungen gemacht. In der Anfrage wurde per E-Mail erwähnt, dass man eine „Cloud-Lösung“ bevorzugt.
Hier die initial aufgeführten Anforderungen des Kunden:

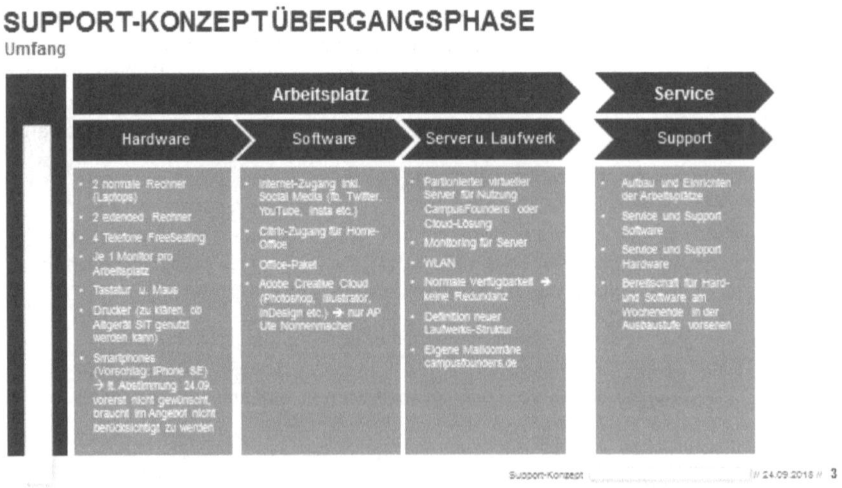

Abbildung 11: Kundenanforderung

Nach der Anfrage des Kunden, wurde zunächst gemeinsam ein Konzept erarbeitet, indem alle Anforderungen des Kunden abgedeckt werden.
Folgende Dienstleistungsschritte wurden erarbeitet und werden in der Umsetzung näher erläutert.:

Dienstleistung
Einrichtung Netzwerk-Infrastruktur: Anbindung an Internet-Router Firewall-Cluster Switch Konfiguration WLAN Einrichtung Backup

Einrichtung Microsoft 365:
 	
Grundkonfiguration (Domain, DNS, Benutzer anlegen)
Konfiguration der Dienste:
    Teams/OneDrive für Files und Shares
    Teams zur Kommunikation
    Office ProPlus
    Exchange
Durchführen von Funktionstests aller Services

Einrichtung Arbeitsplätze: Aufbau / Einrichtung Installation Software Einrichtung Telefone Anbindung Drucker Einrichtung Smartphones
Anwender-Schulung **Dokumentation**

Hinzu kamen folgende Positionen an Hardware und Software:

Artikel	**Bereich**	**Anzahl**
HP EliteBook 850 G5 non touch	Endbenutzer	2
HP EliteBook x360 1030 G3 Notebook	Endbenutzer	2
HP USB-C Universal Dock + Adapter	Endbenutzer	4
HP Slim Tastatur und Maus Set	Endbenutzer	4
Samsung C24FG73 Curved Monitor	Endbenutzer	4
Plantronics Blackwire 5220 USB-C-Headset	Endbenutzer	4
HP LaserJet Pro 500 M570dn Color MFP	Drucker	1
HP 3Y/NBD LaserJet M570 eCare Pack	Drucker	1
HPE 1820-24G-PoE+(185W) Switch	Netzwerk	2
HPE 1820-8G-PoE+ (65W) Switch	Netzwerk	2
Sophos WIFI SG 125w Rev. 3 36M	Firewall	1
Sophos SG 125w Security Appliance	Firewall	1
QNAP TS-231P2-4G 2-Bay NAS	Backup	1
Seagate IronWolf 3 TB NAS HDD	Backup	2
Adobe Photoshop/Illustrator/Indesign CC	Endbenutzer	1
Apple iPhone XR 64 GB Schwarz	Endbenutzer	3

Hier ist gut zu erkennen, dass der Großteil der Positionen nur die Hardware für die Endbenutzer ist.

Das Ergebnis der Umgebung wird im nachfolgenden Schaubild dargestellt:

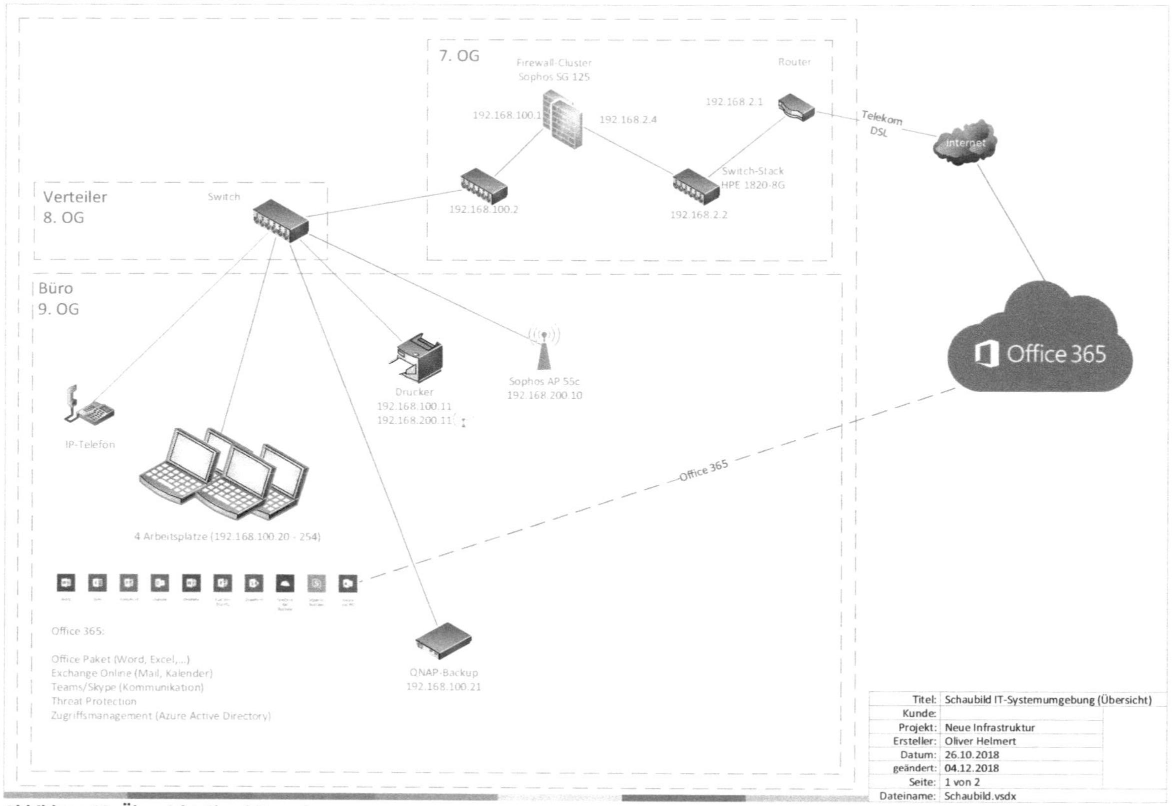

Abbildung 12: Übersicht-Cloud-Umgebung

Der Benutzer meldet sich mit seinem Benutzernamen am Client an. Es gibt keinen lokalen Anmelde-Server. Für die Anmeldung ist „Azure Active Directory", der Cloud-Dienst von Microsoft für die Benutzerverwaltung in Office 365, zuständig. Hier liegen alle Benutzerdaten, Passwörter und Gruppen ähnlich wie in einem gewöhnlichen Active Directory.

Da sich lokal (On-Premises) keine Server befinden, ist es notwendig, für die Benutzer die gewohnten Dienste wie Mails, File-Server usw. über Cloud-Dienste zur Verfügung zu stellen. Hierbei greifen die Benutzer auf Server in der Microsoft-Cloud-Infrastruktur zu:

- Mails: Microsoft Exchange Online
- File-Server: SharePoint Online
- Team-Work/Kommunikation: Microsoft Teams (Chat, Telefonie)

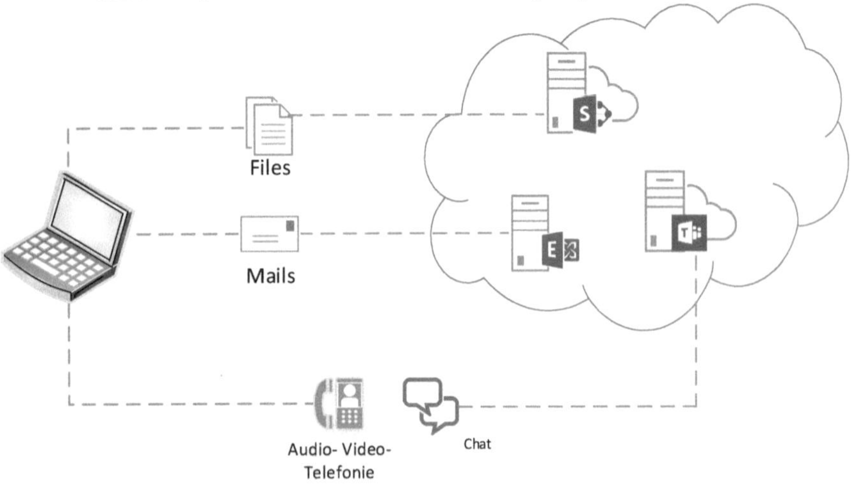

Abbildung 13: Dienste-Cloud-Umgebung

Die Kommunikation erfolgt für alle Dienste über Protokoll HTTPS.
Lediglich für die Kommunikation in Teams (Telefonie) werden weitere Ports angesprochen: UDP (3478, 3479, 3480, 3481)
Die zu erreichenden Endpunkte (URLs oder IPs) kann man in der Dokumentation für Office 365 finden:
https://docs.microsoft.com/de-de/microsoftteams/office-365-urls-ip-address-ranges

3.1.2. Umsetzung

Einrichtung Netzwerk-Infrastruktur:

Anbindung an Internet-Router
Firewall-Cluster
Switch konfigurieren
Konfiguration WLAN
Einrichtung Backup

Zuerst wurde die Netzwerkinfrastruktur in Betrieb genommen. Die Firewall wurde als HA-Cluster (Hochverfügbarkeit) konfiguriert und mit zwei Switchen ein externes Netz (DMZ) erstellt. Der DSL-Router wurde als Gateway eingetragen.
Im internen Netz (LAN) werden DHCP und DNS von der Firewall bereitgestellt.

DMZ: 192.168.2.0/24
Internes Netz: 192.168.100.0/24

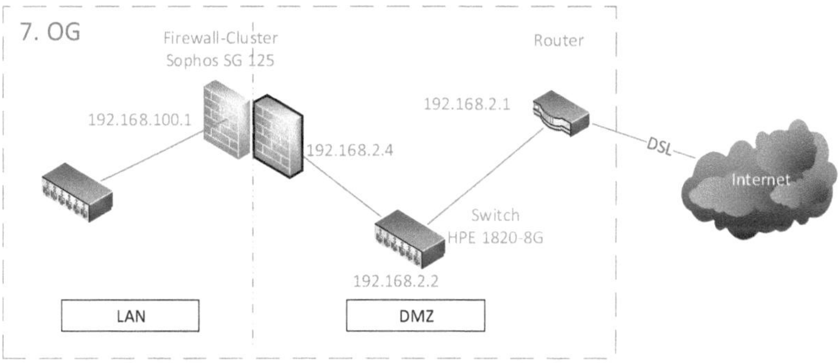

Abbildung 14: DMZ Cloud-Umgebung

Das Backup der Geräte wird auf dem eingerichteten NAS-Laufwerk vorgenommen. Über die Firewall wurde auch ein WLAN-Netzwerk für den Zugriff von mobilen Geräten bereitgestellt.

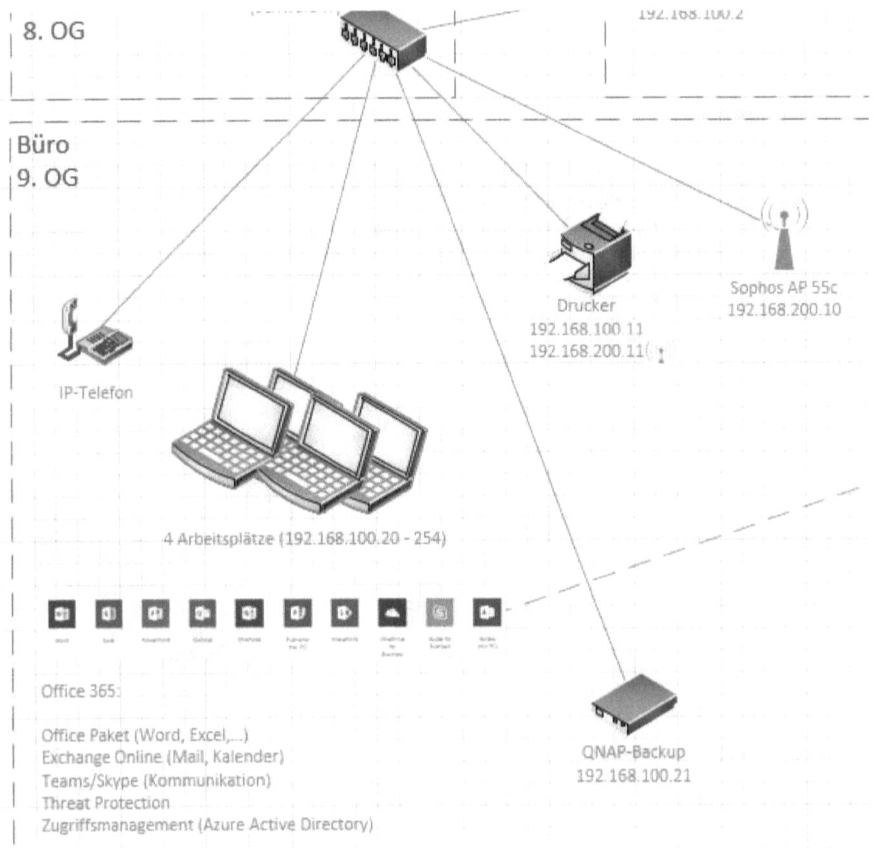

Abbildung 15: internes Netz / Backup / WLAN

Einrichtung Arbeitsplätze:

Dienstleistungen:
Aufbau / Einrichtung
Installation Software
Einrichtung Telefone
Anbindung Drucker
Einrichtung Smartphones

Alle Clients (Laptops) wurden mit der angeforderten Software (Virenschutz, Office usw.) installiert. Die Peripherie-Geräte (Monitor, Tastatur, Maus) wurden mit der zugehörigen Docking-Station verbunden. Alle weiteren Hardware-Geräte (Telefone, Drucker, NAS) wurden vorbereitet und in Betrieb genommen.
Da E-Mails auch auf den Smartphones abrufbar sein sollten, wurden die Geräte hierfür konfiguriert und die Postfächer eingerichtet.

Einrichtung Microsoft 365:

Grundkonfiguration (Domain, DNS, Benutzer anlegen)
Konfiguration der Dienste:
- *Teams/OneDrive für Files und Shares*
- *Teams zur Kommunikation*
- *Office ProPlus*
- *Exchange*

Durchführen von Funktionstests aller Services

Für Office 365 wurden alle notwendigen Lizenzen bestellt und die Ersteinrichtung vorgenommen. Hierzu zählten das Anlegen der Benutzer, das Konfigurieren diverser Sicherheitsfeatures und das Anpassen an individuelle Anforderungen (z.B. Teams als File-Server-Ersatz).

Nach dem die Benutzer in Azure Active Directory angelegt waren konnte man sich an den neuen Laptops anmelden (Internet-Zugriff vorausgesetzt). Die Laptops wurden personalisiert eingerichtet (Mail, Teams-Zugriff) und in das interne Netz aufgenommen.
Danach standen dem Benutzer alle Services zur Verfügung.
Die File-Ablage wurde in der Cloud-Lösung SharePoint-Online mit Zugriff aus Teams von Microsoft implementiert. Hierzu wurden eine Ordner-Struktur und die Berechtigungen, nach Vorgaben des Kunden, vergeben. Für eine höhere Benutzerfreundlichkeit wurde die Struktur auch im Datei-Explorer abgebildet sodass eine Datei-Ablage auch hier möglich ist.

3.1.3. Zusammenfassung

Für die gesamte Einrichtung waren 5 Tage (Personentage) geplant. Diese Zeit war bis zur Übergabe der Systeme und dem Workshop ausreichend. Durch die Bereitstellung der wichtigsten Dienste wie Mail und File-Server in der Cloud wurde diese sogar unterschritten. Die übriggebliebene Zeit von einem halben Tag wurde für einen weiteren Workshop und für eine Schulung der Benutzer verwendet.

Für eine eigene IT-Administration ist Cloud-Foundation noch zu klein. Einfache IT-Aufgaben können durch einen Hauptverantwortlichen übernommen werden. Auf die Kosten bezogen ist dies langfristig dennoch günstiger als sich eine/n eigene/n IT-Mitarbeiter/in zu leisten.

Nur den Aufwand betrachtet war die reine Cloud-Lösung sinnvoll, da keinerlei Installationen und Konfigurationen einer eigenen Server-Infrastruktur nötig waren.
Als eine Art Start-Up kann sich Cloud-Foundation auf deren eigentliche Arbeit konzentrieren und muss sich nicht noch um eine eigene IT- Infrastruktur kümmern. Das schafft Ressourcen für die wichtigen Aufgaben.

3.2. On-Premises Umgebung

Der Kunde „Bauconsulting" (Name auch erfunden) ist eine Architektur-Firma, welche bereits einen zentralen Server sowie eine Netzwerk-Infrastruktur in Betrieb hatte. Bei der Anfrage des Kunden wurde festgelegt, dass keine Daten und keine Dienste in der Cloud liegen sollen. Dies war dem Kunden wichtig.

3.2.1. Anfrage / Konzept

Der Kunde wollte zum einen den alten Stand Alone-Server durch eine moderne Virtualisierungslösung mit mehreren virtuellen Servern ablösen. Zusätzlich wurden zur bestehenden Umgebung weitere Arbeitsplätze benötigt.
Der bisherige Server diente nur als File-Server zur zentralen Dateiablage. Es gab keine lokale Domäne. Auch die Mails waren einfach bei einem Mail-Provider eingerichtet. Hier war ein Mail-Server gewünscht, der in der eigenen Umgebung läuft.
Hieraus entstand folgendes Schaubild:

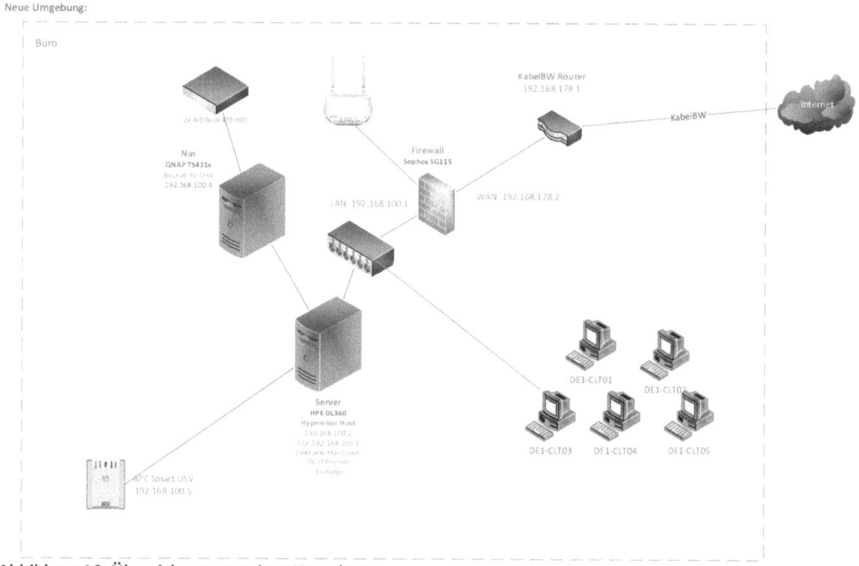

Abbildung 16: Übersicht on premises-Umgebung

3 Implementierungen der Praxisbeispiele

Gemeinsam mit dem Kunden wurde anhand des neuen Schaubilds ein Konzept erarbeitet. Das ausgearbeitete Konzept, beinhaltete folgende Dienstleistungen:

<u>**Dienstleistung**</u>
Vorbereitung der Systeme: - Installation Hyper-V sowie Veeam Backup - Installation der virtuellen Maschinen (Windows Server 2016) inkl. Updates und Virenschutz - Installation Domain Controller, File- und Printserver - Konfiguration QNAP NAS Backup - Einrichtung und Konfiguration der Sophos Firewall - Installation der neunen Arbeitsplatzrechner inkl. Update und Virenschutz, Installation Office
Tätigkeiten vor Ort: - Aufbau Serverschrank - Einbau der Systeme und Anschluss an das Netzwerk - Einrichtung CAD Lizenzserver (nach Herstellervorgaben) - Migration der bestehenden Datenbestände auf den neuen Server - Inbetriebnahmen Sophos Firewall - Einrichtung WLAN - Einbindung der neunen Arbeitsplätze, Einrichtung Drucker und Plotter, Einrichtung E-Mail Zugriff - Übernahme lokaler Datenbestände
Exchange: Basisinstallation Exchange 2016 - Einrichtung Datenbanken - Einrichtung Popconnect für E-Mail Abholung und Versand - Einrichtung Postfächer - Übernahme bestehender Maildaten

Dienstleistung On-Premises

Neben der Dienstleistung wurden folgende Hardware- und Software-Komponenten angeboten:

Artikel	Bereich	Anzahl
HPE DL360 Gen10 4114 1P 8SFF Server TV	Server	1
HPE 1,2 TB SAS HDD	Server	2
HPE CarePack DL360 Gen10 3Y/NBD	Server	1
HPE 300 GB SAS HDD	Server	1
HP Z240 Workstation-Basismodell	Endbenutzer	4
Rittal TE 8000 - 24U Rack	Server	1
Dell UltraSharp U2415 Monitor	Endbenutzer	4
Sophos SG 105/115 Rev.3 Rackmount kit	Firewall	1
Sophos AP55 WiFi Access Point	Firewall	1
Sophos AP 15/30/50/55/100 C/X PoE-Inject	Firewall	1
Sophos Central Server Prot Std 2-4S 3Y	Firewall	1
Sophos Entpoint Protection Std 3-9U 3Y	Endbenutzer	6
Sophos SG 115 Security Appliance Rev.3	Firewall	1
QNAP TS-431X-2G 4-Bay NAS	Backup	1
Seagate IronWolf 4 TB NAS HDD	Backup	4
Microsoft Office Home & Business 2016 P2	Endbenutzer	4
WD My Book 4 TB HDD	Endbenutzer	2
Systembuilder Windows Server Std 2016	Server	2
Systembuilder Windows Server UserCAL2016	Server	6
OPEN ExchgSvrStd 2016 SNGL OLP NL	Server	1
OPEN ExchgStdCAL 2016 SNGL OLP NL UsrCAL	Server	6
POPcon Standard LIC	Server	1
Backup Ess Std 2s Bdl Hyper-V 1J	Backup	1
APC Smart UPS 1500VA LCD RM 2U, USV	Server	1
APC Network Management Card 2	Server	1

Hardware/Software On-Premises

3.2.2. Umsetzung

Vorbereitung der Systeme:

Installation Hyper-V sowie Veeam Backup
Installation der virtuellen Maschinen (Windows Server 2016) inkl. Updates und Virenschutz
Installation Domain Controller, File- und Printserver
Konfiguration QNAP NAS Backup
Einrichtung und Konfiguration der Sophos Firewall
Installation der neunen Arbeitsplatzrechner inkl. Update und Virenschutz, Installation Office

Die neuen Systeme konnten zu einem großen Teil in einer eigenen Installationsstrecke vor der Auslieferung an den Kunden vorbereitet werden:
Im ersten Schritt wurde der Server installiert und konfiguriert, der als Virtualisierungshost (Microsoft Hyper-V) dient. Modell war der HPE DL360. Nach Einrichtung des Servers wurden darauf die virtuellen Maschinen mit dem Windows Server-Betriebssystem 2016 bereitgestellt.

Auf den beiden virtuellen Servern wurde einmal die Active Directory, der File-Server und eine Backup-Lösung installiert. Auf dem anderen der Mail-Server mit einem Exchange Server 2016 von Microsoft.

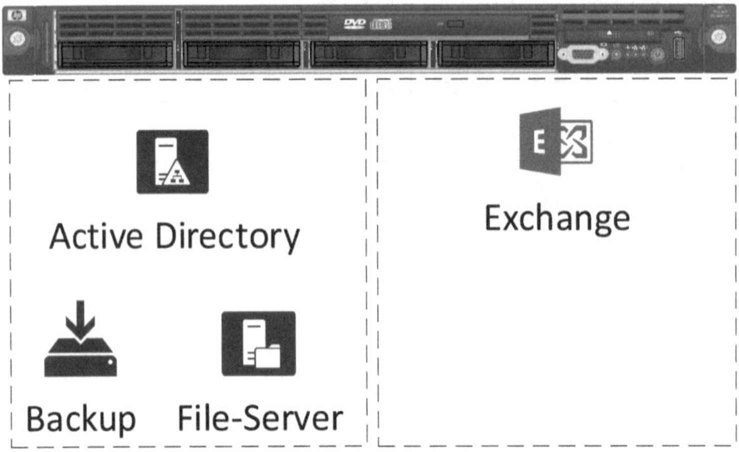

Abbildung 17: Virtualisierungslösung Hyper-V

Die Infrastruktur wurde um eine Sophos Firewall (Cluster) ergänzt und in das Netzwerk integriert. Hinzu kam die Backup-Lösung auf ein NAS.
Die Installation der Computer der Endbenutzer wurde soweit es ging auch noch vor Auslieferung durchgeführt. Benötigte Software wie Office und Antivirenlösung konnten schon vorinstalliert werden.

Tätigkeiten vor Ort:

Aufbau Serverschrank
Einbau der Systeme und Anschluss an das Netzwerk
Einrichtung CAD Lizenzserver (nach Herstellervorgaben)
Migration der bestehenden Datenbestände auf den neuen Server
Inbetriebnahmen Sophos Firewall
Einrichtung WLAN
Einbindung der neunen Arbeitsplätze, Einrichtung Drucker und Plotter, Einrichtung E-Mail Zugriff
Übernahme lokaler Datenbestände

Für die Hardware wurde ein neuer Server-Schrank gekauft und in einem separaten Abstellraum aufgebaut. Server-Hardware sowie alle Netzwerk-Komponenten wurde darin installiert und mit der USV gekoppelt.

Da noch keine eigene Domain bestand wurde diese neu konfiguriert und alle Benutzer neu angelegt. Weiter wurden die File-Server-Dienste installiert und alle Daten vom alten Server auf den neuen migriert.
Da das Architektur-Büro mehrere Drucker und einen großen Plotter benutzt, wurde auch die Rolle des Print-Servers konfiguriert. Alle Plotter und Drucker werden zentral darüber gesteuert.
An der Firewall wurde auch ein WLAN konfiguriert, dass mit einem zentralen Access-Point ausgestrahlt wird.
Die neuen Arbeitsplätze bestanden aus PC, Monitor, Tastatur und Maus und wurden nach Kundenanforderung aufgebaut und in Betrieb genommen.
Nachdem alle Computer in die AD integriert waren konnten die Benutzer eingerichtet werden. Lokale Daten mussten noch migriert werden. Danach war der Arbeitsplatz fertig eingerichtet.

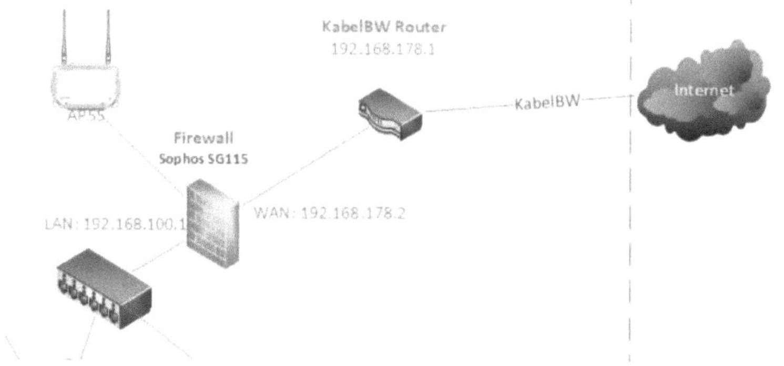

Die Anbindung der Sophos Firewall ist hier aufgeführt.
Man erkennt die beiden Hardware-Instanzen von Sophos, die per HA-Cluster miteinander gekoppelt sind. Bei Ausfall eines Gerätes übernimmt das jeweils andere Gerät die Steuerung. Einmal besteht die Schnittstelle ins WAN-Netz und eine Schnittstelle geht in das interne LAN-Netz.

DMZ: 192.168.178.1/24
Internes Netz: 192.168.100.0/24

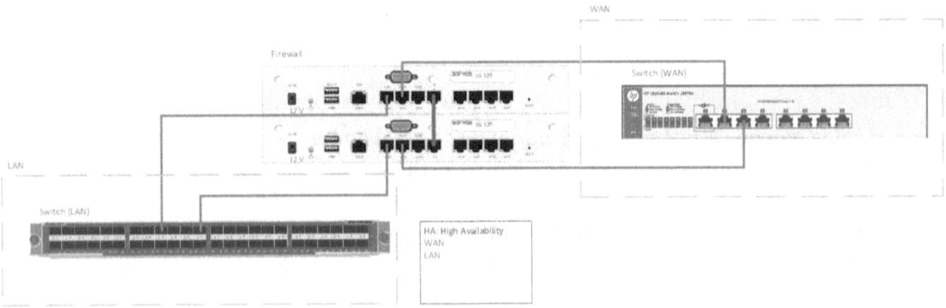

Abbildung 18: Firewall

Exchange:

Basisinstallation Exchange 2016
Einrichtung Datenbanken
Einrichtung Popconnect für E-Mail Abholung und Versand
Einrichtung Postfächer
Übernahme bestehender Maildaten

Für den eigenen Mail-Server Microsoft Exchange 2016 wurde aufgrund der Komplexität ein eigener Dienstleistungsblock geplant.
Nach dem Einrichten des Mail-Servers wurden alle neuen Postfächer angelegt und die alten Mails importiert. Die Funktionalität wurde getestet und dokumentiert.

Abbildung 19: Datenbank Exchange-Server

Die Mail-Migration erfolgte direkt am Computer des Arbeitsplatzes.

Nur für die Grund- Installation und Konfiguration des Exchange-Servers waren schon 2 Tage notwendig. Die nachgelagerten Tätigkeiten wie Rücksprachen mit dem alten Mail-Provider und das Einstellen des Mail-Routings waren gleichermaßen aufwendig.

3.2.3. Zusammenfassung

Für die Umsetzung waren 8 Personentage geplant. Diese wurde überschritten, da im Laufes Projektes mehrere ungeplante Hürden überwunden werden mussten. Es gab viele Rücksprachen mit dem bisherigen Mail-Provider sowie auch Probleme beim Einrichten des Mail-Servers. Die im Anschluss geplante Einweisung der Administration wurde verkürzt gehalten, da es terminlich nicht mehr reichte.
Insgesamt wurde mehr Zeit aufgewendet als geplant, was auch an der Komplexität der Systeme und der Umgebung lag. Vor allem aber an den Rücksprachen mit den anderen Dienstleistern.
Das Ziel alle Daten in der eigenen Umgebung zu behalten wurde erreicht. Der Aufwand für eine Cloud-Lösung wäre ungleich weniger gewesen. Hinzu kommt, dass Bauconsulting keine eigene IT-Administration hat. Für eine eigene IT-Umgebung kann dann meist nur noch auf Managed-Services zurückgegriffen werde.

4. Aufwandsvergleich

4.1. Messfaktoren

Der direkte Vergleich verschiedener IT-Projekte ist nicht einfach. Es gibt Faktoren, die sich bei unterschiedlichen Projekten anders verhalten. Dies kann an differierenden Umständen zu bestimmten Zeiten liegen. Die Installation der gleichen Systeme kann sich zum Beispiel je nach Update-Status oder auch anders verbauter Hardware-Komponenten trotz des gleich geplanten Aufwands deutlich unterscheiden. Aber auch unvorhergesehene Einflüsse, wie unterschiedliche Voraussetzungen bei Kunden, können zu unterschiedlichen Ergebnissen in Zeit und Kosten führen. Zwei Beispiele:
Je nach Internetverbindung dauert der Download eines Updates oder einer Software-Komponente unterschiedlich lange.
Manchmal ist man abhängig von anderen Dienstleistern (z.B. DNS-Provider) des Kunden. Hier wird eine Anfrage mal schnell, mal weniger schnell erledigt.
Damit wir den Vergleich zwischen Cloud und On-Premises-Umgebung antreten können benötigen wir zumindest eine gewisse Gleichheit verschiedener Faktoren. In den obigen Praxisbeispielen wurden zwei Unternehmen gewählt, die zumindest von der Mitarbeiter-Anzahl und damit der Anzahl der Arbeitsplätze ähnlich sind. Genauso ist bei beiden Unternehmen keine eigene IT-Abteilung vorhanden. Insofern gab es für niemanden einen Vorteil was die technische Umsetzung angeht. Genauso war nach der Übergabe dem jeweils zuständigen Mitarbeiter (zum Beispiel Geschäftsführer) die Administration der Systeme überlassen.
Der Vergleich basiert damit auf den eigenen Erfahrungen in den Projekten und auch von den Erfahrungen anderer. Zusammengefasst wird dies in genau definierten Messfaktoren. Hierbei unterscheiden wir zwischen qualitativen und quantitativen Merkmalen.

4.1.1. Quantitative Merkmale:

Diese Merkmale sind messbar und als genau festgelegte Daten in definierten Einheiten erfassbar.

Zeit (einmalig):

Für diesen Faktor wird die genaue Zeit angegeben, die für die Implementierung der Umgebung benötigt wurde. Beginnend bei der Konzeptionierung, über die Inbetriebnahme der Komponenten bis zur Übergabe des Projektes.

Kosten (einmalig, laufend):

Dieser Teil ist insbesondere aus Kaufmännischer Sicht wichtig. Hier müssen zwei verschiedene Kosten-Arten betrachtet werden.
Die einmaligen Kosten welche nur einmal bei der Einführung des Projektes entstehen. Beispiele sind die Anschaffung der Hardware oder auch die Dienstleistung für die initiale Inbetriebnahme.
Daneben gibt es die laufenden Kosten, die danach in regelmäßigen Abständen (z.B. monatlich oder jährlich) entstehen. Beispiele sind Lizenzkosten, Wartungsverträge aber auch zukünftig gebundene Ressourcen wie Strom, Raummiete usw.

4 Aufwandsvergleich

Die Kosten für das Personal (Administration) werden hier nicht betrachtet, da diese zu unterschiedlich sind und außerdem nicht bekannt sind. Der Administrative Aufwand wird später in den qualitativen Merkmalen betrachtet.

Vorlaufzeit:

Sobald der Auftrag erteilt wird und eingegangen ist, werden die einzelnen Positionen der Bestellung gekauft. Dies ist bei Hardware ein nicht zu vernachlässigender Faktor der viel Zeit in Anspruch nimmt. Hier gibt es auch Abhängigkeiten zu Lieferanten und auch die Zusammenstellung der Komponenten nimmt Ressourcen in Anspruch. Bei dem Bezug einer Cloud-Lösung werden zum Beispiel Lizenzen gekauft. Diese Bestellung ist oftmals in wenigen Minuten getätigt. Hinzu kommt noch die Dienstleistung, welche auch eine gewisse Planung und damit Vorlaufzeit benötigt.

4.1.2. Qualitative Merkmale:
Hier werden durch Befragungen aber auch aus Erfahrungen von anderen Projekten Werte erfasst, die nicht exakt messbar sind.

Level des benötigten IT-Knowhows:

Viele Unternehmen haben zum Beispiel aus finanziellen Gründen keine eigenen IT-Angestellten. Das technische Knowhow für die Implementierung aber auch der anschließenden Administration ist ein nicht unwichtiger Faktor, auch bei der Betrachtung der Kosten. Benötige ich für die Systeme eigenes IT-Personal mit dem nötigen Wissen oder reicht es vielleicht auch aus ohne größeres IT-Wissen viele zukünftige IT-Aufgaben abzudecken?

Administrativer Aufwand (nachgelagert):

Anknüpfend an oberhalb genanntes Knowhow, ist die Betrachtung des zeitlichen Aufwands, der in Zukunft entsteht, ein weiterer Vergleichsfaktor. Wie schnell kann man zum Beispiel benötigte Ressourcen erweitern (Skalierbarkeit) oder auch einfach nur einen neuen Benutzer anlegen?

Abhängigkeiten von Externen:

Für die Einrichtung der Systeme ist man in den meisten Fällen von weiteren Externen Unternehmen abhängig. Hierzu zählen zum Beispiel Internet-Provider, Dienstleister für andere Systeme/Programme, die auch extern betreut werden, usw.
Gerade bei Cloud-Lösungen hängt sehr viel von einer stabilen Internet-Leitung ab. Auch zur Einrichtung und bei Umstellungen wie zum Beispiel Änderungen bei den öffentlichen IP-Adressen oder auch beim Setzen von externen DNS-Einträgen, ist man abhängig von externen Dienstleistern.

4.2. Vergleich

Wie oben erwähnt wurden für den Vergleich die beiden Praxis-Beispiele herbeigezogen. Die Ergebnisse werden in der nachfolgenden Tabelle dargelegt. Zunächst in echten Zahlen bei den Quantitativen und in knappen Bewertungen bei den Qualitativen Merkmalen. Im Anschluss wird auf alle Werte detailliert eingegangen.
Dazu kommen noch Erfahrungswerte aus weiteren Projekten anderer Kollegen sowie aus Recherchen externer Quellen.

4.2.1. Übersicht

Vergleichsmerkmal	Praxis-Beispiel Cloud	Praxis-Beispiel On-Premises
Quantitative		
Zeit (einmalig)	5 Personentage	10 Personentage
Kosten (einmalig)	Hardware: ~13.000€ +Dienstleistung: ~5800€ = ca. 18.800€	Hardware: ~24.000€ +Dienstleistung: ~10.000€ = ca. 34.200€
Kosten (laufend)	Lizenzen: ca. 640€ /monatl.	Wartung: ca. 33€ /monatl.
Vorlaufzeit	HW-Lieferung pünktlich kurzfristige Dienstleistungs-Umsetzung war möglich	HW-Lieferung pünktlich Dienstleistung wurde frühzeitig geplant
Qualitative		
Level des benötigten IT-Knowhows	Keine IT-Kenntnisse notwendig	Fortgeschrittene Kenntnisse notwendig
Administrativer Aufwand (nachgelagert)	Systeme benötigen wenig nachgelagerte „Pflege“	Systeme benötigen regelmäßige Wartungen
Abhängigkeiten von Externen	Internet-Provider DNS-Provider	Internet-Provider Mail-Provider

Vergleichsübersicht Praxis-Beispiele

4.2.2. Detaillierter Vergleich

Zeit (einmalig):

Praxis-Beispiele:
Für Cloud-Foundation war bei der Beauftragung die Einrichtungszeit wichtig. Da die Abkopplung der Stiftung relativ spontan erfolgte, war eine schnelle Umsetzung gewünscht, mit der die wichtigsten Dienste kurzfristig in Betrieb genommen werden können.
Die Implementierung der Umgebung bei Cloud-Foundation, wurde in der Hälfte der Zeit umgesetzt, die für Bauconsult benötigt wurde.
Vorteil hier ist natürlich die bereits bestehende Infrastruktur, die ein Cloud-Anbieter vorhält. Der Kunde mietet sich nur noch Teile dieser Ressourcen und kann diese sofort nutzen. Auch die Einweisung eines Administrators in die Systeme entfällt. Der Mieter des Dienstes braucht sich keine Gedanken machen wie der Mail-Server im Hintergrund funktioniert.
Bei Bauconsult hingegen musste die notwendige Infrastruktur wie zum Beispiel File-Server, Mail-Server und USV zuerst eingerichtet und in Betrieb genommen werden. Dieser Faktor zeigt sich deutlich in der Zeit und damit auch in den Kosten der Dienstleistung für die Implementierung. Ebenso gibt es für die Systeme eine Übergabe und Einweisung. Diese Zeit kommt noch mit hinzu.

Andere Erfahrungen:
Der zeitliche Aufwand für das Einrichten einer eigenen Umgebung ist immer höher als das Nutzen von IaaS oder SaaS. Dies geht aus den eigenen aber auch den Erfahrungen anderer Kollegen sowie aus externen Quellen hervor. Bei einem Artikel von Softwareadvice zum Beispiel geht es um den Vergleich zwischen ERP-Systemen On-Premises und als Cloud-Lösung:
Für die Cloud-Lösung: *„Implementation: typically takes less time to implement"*
Für die On-Premises Lösung: *„implementation process can take significantly longer"* [21]

Aus den Erfahrungen eigener, anderer Projekte ist das Einrichten der Dienste Mail und Kommunikation für eine ganze Firma innerhalb weniger Minuten erledigt. Allein für das installieren des Servers hierfür, ist bereits mindestens ein ganzer Tag nötig.

Weitere Quellen wie zum Beispiel Workwise Software bestätigen dies:

> *"How They Are Implemented*
>
> *The biggest difference between SaaS and on-premise is how they are implemented, or in the case of SaaS, how it isn't implemented. SaaS is accessed via the internet, instead of having it installed and maintained through company hard drives. Your chosen SaaS provider manages access to the application, which includes performance, maintenance and security. Those who use SaaS, are able to access it through a web browser of their choice. On-premise implementation is not only different, but is a longer process. It features in-house installation – hosted and accessed on both company grounds and computers and cannot be accessed outside of company grounds." [22]*

4 Aufwandsvergleich

Kosten:

Praxis-Beispiele:
Wie bereits erwähnt ist ein direkter Vergleich zweier Projekte schwierig da sich bei jedem Auftrag die Positionen unterscheiden. Besonders was die Kosten betrifft. Die Hardware für den Endbenutzer zum Beispiel haben sich in den Beispielen stark unterschieden. Hier kommt es natürlich auch auf den Geschmack des Kunden bzw. das Budget an.
Die Netzwerkkomponenten wie Switche und Firewall benötigen beide Umgebungen. Auch hier kann man anhand der bestellten Hardware keinen interessanten Vergleich führen da die Komponenten in beiden Umgebungen vorkommen müssen.
Würden wir davon ausgehen, dass beide Kunden die gleiche Hardware bestellen, die beide sowieso benötigen, bleiben dennoch Positionen über, die den Vergleich überhaupt erst interessant machen.
Was zum Beispiel gut zu sehen ist, sind die Infrastruktur-Komponenten, die verwendet werden. Auf der einen Seiten Infrastructure as a Service (IaaS) eines Cloud-Anbieters und auf der anderen Seite die eigene Infrastruktur in der eigenen Umgebung. Hierfür fallen in der On-Premises Umgebung natürlich weitere einmalige Kosten auf, die sich bei der Cloud-Lösung wiederrum in den monatlichen Lizenzkosten niederschlagen.
Lässt man die Ausstattung der Endbenutzer sowie die Netzwerkkomponenten weg und vergleicht allein die Positionen, die beide gleichermaßen für die zentralen Dienste wie Mail und File benötigen, erkennt man die Unterschiede deutlicher.
Bauconsulting legte darauf Wert die Dateien und Mails auf einem eigenen Server zu verwalten und nicht bei einem Cloud-Anbieter. Hierfür wird die Server-Hardware (inkl. Zubehör) benötigt, die sich Cloud-Foundation über den Cloud-Anbieter Microsoft bucht. Hierzu finden sich folgende Positionen mit den zugehörigen Kosten:

Position	**Kosten**
HPE DL360 Gen10 4114 1P 8SFF Server TV Hersteller-Garantieerweiterung für HPE DL360 Gen10	2300 € 447 €
Rack	614 €
Festplatten	616 €
Server-Lizenz	1118 €
User-Lizenzen	200 €
Exchange-Lizenzen	1300 €
USV	650 €
Summe	**7245 €**

Hardware-Positionen On-Premises

Diese einmaligen Kosten fallen bei Cloud-Foundation nicht auf. Dafür sieht man dann die deutlich höheren monatlichen Kosten, die für die Miete der Dienste anfallen.

Lizenzen	**Kosten**
4* Microsoft 365 (Office 365)	640 €

Lizenzkosten M365

Andere Erfahrungen:
Wenn wir die Kosten vergleichen wollen muss man fairerweise alle Aufwände berücksichtigen. Dies ist bei zwei verschiedenen Projekten durchaus schwierig zu vergleichen. Für ein Unternehmen selbst zwischen On-Premises und Cloud zu vergleichen ist einfacher. Hier ein Auszug auf der Homepage der Computerwoche in der der Kostenvergleich beschrieben wird:

> *„Aufwände in der IT-Organisation berücksichtigen*
>
> *Um einen fairen Vergleich zu ermöglichen, sollte man jedoch möglichst unvoreingenommen auch betrachten, welche Aufwände anfallen, um ein System In-House, also On-Premise zu betreiben. Wie komplex diese Aufgaben sind, lässt sich häufig schon daran ablesen, wie die IT-Organisation im Unternehmen personell ausgestattet ist, und inwieweit Mitarbeitende damit ausgelastet sind, den IT-Routinebetrieb tagtäglich am Laufen zu halten." [23]*

Aus den Erfahrungen unserer Kunden wird das Thema Kosten immer ausgiebig diskutiert. Wie auch im Artikel von Computerwoche beschrieben, ist die Cloud-Lösung rein aus Lizenzierungssicht meist teurer. Hier kann das Argument Kosten die meisten nicht überzeugen. Bezieht man jedoch weitere Kosten wie Mitarbeiter, Raummiete und Stromkosten hinzu kann sich das ganze schon wieder anders darstellen.
Es hängt natürlich auch viel davon ab wie lange die Hardware bei einer On-Premises Umgebung läuft. Umso länger diese im Einsatz ist, umso rentabler wird diese Lösung natürlich. Allerdings müssen diese im Normalfall auch gewartet und im Normalfall auch zwischendurch aufgerüstet werden. All diese Faktoren müssen berücksichtigt werden, wenn die Kosten bei der Entscheidung zwischen On-Premises und Cloud eine Rolle spielen.

Vorlaufzeit:

Praxis-Beispiele:
Bei beiden Projekten konnte die Hardware ohne weitere Probleme rechtzeitig geliefert werden. Die Abhängigkeit und damit das Risiko von Verzögerungen wegen Lieferschwierigkeiten war aber bei der On-Premises Umgebung höher da es mehr Positionen von verschiedenen Herstellern gab.
Bei den Dienstleistungen konnten einige Punkte der Cloud-Lösung bereits direkt nach der Bestellung durchgeführt werden. Zum Beispiel konnte das Office 365-Portal erstellt und die Lizenzen bestellt werden ohne das auf irgendeine Hardware-Komponente gewartet werden musste.

Andere Erfahrungen:
Der Einkauf von Hardware und deren anschließende Lieferung kostet immer mehr Zeit als den Zugriff auf schon bestehende Infrastruktur.
Bei der Implementierung einer On-Premises Umgebung sollte man mehr Vorlaufzeit einplanen. Erstens wegen der Lieferzeiten und zweitens wegen des Mehraufwandes an Dienstleistung die auch wiederrum Abhängigkeiten zum Beispiel zu geplanten Terminen, Feiertagen usw. aber auch zu Externen mit sich bringt.

Level des benötigten IT-Knowhows:

Praxis-Beispiele:
Für Cloud-Foundation war nicht nur die schnelle Umsetzung, sondern auch die fehlenden Administrationskenntnisse ein Argument für eine Cloud-Lösung. Es ist kein IT-Administrator vorgesehen, der die Systeme kennt und wartet. Ein Verantwortlicher soll lediglich weitere Benutzer anlegen, Lizenzen buchen und ab und zu das Passwort zurücksetzen können. Hierfür reichen Grundkenntnisse im Umgang mit IT aus die auch schnell geschult sind. Updates am Mail-Server einspielen oder Fehlerbehebungen bei Problemen entfällt da dies der Service-Provider übernehmen muss.
Bei Bauconsult hingegen ist ein tiefergehendes IT-Knowhow erforderlich. Hierfür sollte es bestenfalls einen eigenen IT-Verantwortlichen geben, der die Systeme administrieren kann. Hierzu zählen regelmäßig Updates einspielen sowie im Falle einer Störung diese beheben zu können. Allein das Anlegen eines Benutzers im System sowie das Einrichten der Mailbox am Client erfordern schon weiterführende IT-Kenntnisse. Dies konnte anhand von Dokumentationen und Schulungen einem IT-Verantwortlichen übergeben werden. Wenn es um tiefergehende Einrichtungen oder gar Fehlerbehebungen geht muss hier externe Unterstützung angefordert werden.

Andere Erfahrungen:
Nicht jedes Unternehmen kann sich eine eigene IT-Abteilung leisten. Hier hilft es, wenn die Systeme nicht selbst gewartet werden müssen. Ein IT-Verantwortlicher reicht meist aus, um bei einer einfachen Cloud-Umgebung das nötigste selbst zu tun. Geht es um Cloud-Lösungen, in der IaaS genutzt wird und die laufenden Systeme darauf wiederrum auch administriert werden müssen, sind die gleichen IT-Kenntnisse wie On-Premises nötig.
In den meisten Projekten anderer Kunden werden die Firmen bei der Migration in die Cloud unterstützt. Die anschließende Administration übernehmen die meisten dann wiederrum selbst. Eine eigene IT-Abteilung vorausgesetzt. Bei kleinen Start-Ups wie zum Beispiel Cloud-Foundation kann dies bis zu einem gewissen Grad auch ganz ohne IT-Abteilung funktionieren.

Administrativer Aufwand (nachgelagert):

Praxis-Beispiele:
Der nachgelagerte Aufwand bei Cloud-Foundation reduziert sich wie oben bereits als Beispiel erwähnt auf rudimentäre IT-Prozesse. Hierzu zählen zum Beispiel das Anlegen eines neuen Benutzers, das Zurücksetzen eines vergessenen Passwortes oder das Erstellen eines neuen Unterordners in der File-Struktur. Was jedoch auch hier dazu kommt, ist das Aktualisieren der Netzwerkkomponenten wie Switche und der Firewall. Dies erfordert bei Cloud-Foundation immer noch einen externen Dienstleister solange noch keine tiefergehenden IT-Kenntnisse vorhanden sind.
Bei Bauconsult werden diese und auch schon schwierigere Aufgaben anhand bereitgestellter Dokumentationen getätigt. Was deutlich höher ist, ist der Wartungsaufwand der Server. Wie auch bei Cloud-Foundation sind es die Komponenten der Netzwerkinfrastruktur die aktuell gehalten werden müssen. On-Premises kommen aber die virtuellen Server sowie die gesamte zugehörige Hardware wie USV und die größere Firewall hinzu.

Andere Erfahrungen:
Es ist auch aus anderen Projekten zu erkennen, dass der Aufwand der Administration in einer eigenen Umgebung höher ist als bei gemieteten Diensten. Viele Unternehmen schätzen die Einfachheit der Administration bei Cloud-Anwendungen. Wofür in der Vergangenheit ein/e IT-Mitarbeiter/in mehrere Stunden beschäftigt war kann im Grunde ein/e Mitarbeiter/in ohne tiefes IT-Wissen übernehmen. Hier fürchten manche IT-Abteilungen eine Ablösung ihrer Tätigkeit. Man sollte sich aber im Klaren sein, dass auch Cloud-Dienste administriert werden müssen. Hier ergeben sich auch neue Aufgabenfelder für die IT-Administration.

Abhängigkeiten von Externen:

Praxis-Beispiele:
Im Laufe der Projekte gab es bei beiden Unternehmen Berührungspunkte mit anderen Dienstleistern. Dies waren bei Cloud-Foundation der Internet-Provider. Bei Bauconsult gab es ebenfalls Kontakt zum Internet-Provider und zum vorherigen Mail-Provider. Von diesem sollten die Mails migriert werden. Hier waren mehrere Abstimmungen notwendig, sodass es zu Verzögerungen im Projekt kam. Da bei Cloud-Foundation keine alten Mails migriert wurden gab es hier keine Störung. Die Abhängigkeiten zu anderen Dienstleistern gab es in beiden Projekten. Hier konnte nicht genau festgestellt werden ob Cloud oder On-Premises Umgebung mehr Abhängigkeiten von Externen mit sich bringt. Eine Mail-Migration bei Cloud-Foundation hätte ebenso Probleme mit sich bringen können.
Betrachtet man nur die Implementierung in Bezug auf die Abhängigkeiten zu Externen sind die Unterschiede sehr gering. Arbeitet man mit Cloud-Diensten bleibt die Abhängigkeit zum Anbieter dieser Dienste während des gesamten Betriebes bestehen. Fällt zum Beispiel der Mail-Server aus kann dies in erster Linie nur der Service-Provider beheben. In einer eigenen Umgebung ist man selbst dafür verantwortlich und hat dementsprechend weniger Abhängigkeit.

Andere Erfahrungen:
Was hingegen festzuhalten ist, ist die eindeutige Abhängigkeit zum Internet-Provider bei einer Cloud-Umgebung. Während eines Internet-Ausfalls ist man bei einer reinen Cloud-Umgebung komplett abgeschnitten und könnte nicht einmal innerhalb des gemeinsamen Netzwerks Mails verschicken. Dies ist in der On-Premises Umgebung möglich. Genauso wird der Dateizugriff in der Cloud-Umgebung zunächst im Offline-Modus betrieben. Solange können die Dateien nicht auf dem Ziel (Cloud-Speicher) abgelegt werden. Ein lokaler File-Server ist auch ohne Internet erreichbar.

4.3. Zusammenfassung

Um einen Vergleich zwischen Cloud-Lösungen und On-Premises Umgebung durchzuführen bedarf es dem Betrachten vieler Faktoren. In dieser Arbeit ging es vor allem um den Aufwandsvergleich.
Die Aufwände für die Implementierung der beiden Umgebungen haben sich deutlich unterschieden. Dies erkennt man allein an der Anzahl der benötigten Tage für die Umsetzung der jeweiligen Dienstleistungen.
Auch die Recherchen sowie anderen Projekte haben dies bestätigt. Selbst in älteren Artikeln (18.10.2011) wie auf crisp-research.com gefunden wird bei der Bereitstellung der Dienste von Minuten gesprochen:

> *„Bei der Nutzung des Cloud Computing vergehen von der Entscheidung für einen neuen Server bis zu seiner vollständigen Bereitstellung hingegen nur wenige Minuten." [24]*

Weiter bleibt festzuhalten, dass der administrative Aufwand, der bei nachgelagerten Tätigkeiten erfolgt ebenso bei den Cloud-Lösungen geringer ausfällt. Dies liegt schlicht an der Standardisierung des Dienstes. Es gibt eine bestimmte Anzahl an Einstellungen, die man tätigen kann. Bei einer eigenen Umgebung kann ich individuellere Anforderungen abdecken. Andere Vergleiche wie Kosten sind eindeutiger, weil hierhinter Zahlen stehen. Die quantitativen Faktoren lassen sich leichter gegenüberstellen
Es ist allerdings nicht damit getan die reinen Beträge aus Anschaffung und laufenden Kosten zu betrachten und miteinander zu vergleichen. Genauso wenig reicht es aus bei zwei verschiedenen Projekten die benötigten Stunden oder Tage zu zählen und abzugleichen. Jedes Projekt verhält sich anders und kann durch unvorhersehbare Faktoren unterschiedlich aufwendig sein. Auch bei gleicher Hardware und Dienstleistung.
Der Vergleich, der in den beiden Praxis-Beispielen durchgeführt wurde, zeigt dennoch Kennzahlen und Erkenntnisse auf, bei denen die Unterschiede zu erkennen sind.
Cloud-Lösungen geben die Möglichkeit die Kosten bis auf den einzelnen Anwender herunter zu rechnen. Was kostet mich ein Benutzer jeden Monat, wenn er eine Mailbox hat und auf einen Speicher-Dienst zugreifen möchte? Sobald keine andere Hardware da ist, die betreut werden muss bzw. für die Strom und Miete anfällt werden die Kosten transparenter.
Die Erkenntnisse und Erfahrungen können sich andere Unternehmen als Beispiel nehmen und mit sich selbst vergleichen. Finanziell kann sich jedes Unternehmen relativ einfach ausrechnen bis zu welcher Laufzeit welche Lösung günstiger ist. Aber ist es auch bereit sich umzustellen auf eine Cloud-Lösung? Die damit einhergehenden Änderungen für die IT-Abteilung sind klar vorgegeben. Es ist auch eine Frage der Unternehmenspolitik aber auch der rechtlichen Vorgaben, denen die Unternehmen unterliegen. In manchen Fällen stellt sich die Frage Cloud oder On-Premises gar nicht. Hier sollte sich aber niemand diesem Trend verschließen, um eventuell Gefahr zu laufen abgehängt zu werden.
Bei allem Zweifel, der bei Cloud-Lösungen noch besteht, sollte man sich die Vorteile verdeutlichen. Die Aufwände für die Einführung von Cloud-Lösungen sind wie gesehen gering. Wer dennoch nicht alles aufgeben möchte kann mit einer Hybrid-Lösung eine weiche Umstellung in Richtung Cloud vollziehen.

5. Ausblick

Der „Boom“ von dem bitkom 2017 schreibt ist längst nicht mehr nur ein Trend, sondern eine stark anwachsende Konkurrenz zur IT-Umgebung On-Premises. Es vollzieht sich aktuell ein Wandel ähnlich wie vor einigen Jahren als die Virtualisierungslösung in der IT Einzug erhielt. Jetzt geht man eben in die Cloud und lagert viele seiner Dienste und damit auch Ressourcen aus. Anfang des Jahres 2019 liest man nicht mehr nur von Trends oder einem Boom. Statistiken belegen, dass nicht mehr nur darüber geredet und diskutiert, wird sondern dass die Mehrzahl der Unternehmen in Deutschland bereits Cloud-Lösungen nutzt.

> *„Cloud-Computing wird in Deutschland immer populärer. Zwei von drei deutschen Unternehmen nutzen Cloud Computing und die Datensicherheit in der Public Cloud wird zunehmend positiv bewertet, so das Ergebnis der Studie „Cloud Monitor 2018“ von Bitkom und KPMG.“ [25]*

In anderen Ländern wie zum Beispiel der USA sind Dienste in der Cloud die Normalität geworden. Diese Erfahrung brachten Kollegen von deren letzten Dienstreise aus den USA mit. Wer dort über einen Server spricht meint in den meisten Fällen eine virtuelle Maschine, die bei einem Cloud-Service-Provider läuft.
Schaut man sich weltweite Umsatzstatistiken mit Prognosen für Cloud-Computing bis 2022 an, erkennt man stetig wachsende Zahlen. Während es 2010 ca. 42.8 Milliarden US-Dollar Umsatz waren die im Bereich Cloud-Computing gemacht wurden, sollen es zehn Jahre später 2020 fast 250 Milliarden US-Dollar sein.

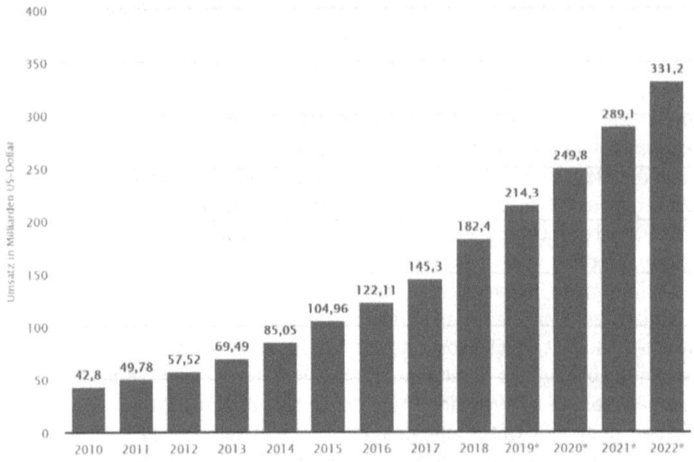

Abbildung 20: Umsatzprognose Cloud Computing (statista.com) [26]

Durch diesen starken Zuwachs ist zu erkennen wohin der Weg der Cloud-Produkte wohl führen wird. Unternehmen können es sich nicht erlauben die Augen bei Cloud-Computing zu verschließen. Nicht weil es ein starker Trend ist und jeder einfach Cloud nutzt. Anbieter wie Microsoft geben offen zu, dass deren Strategie darin liegt die Cloud-Produkte noch weiter voranzutreiben. Dabei werden andere On-Premises Lösungen zwangsläufig nicht mehr weiterentwickelt. Wer hier die Strategie nicht mitgeht dem könnte es passieren abgehängt zu werden und veraltete Produkte zu verwenden. Diese sind dann sowohl was Sicherheit, aber auch Funktionalität angeht nicht mehr aktuell.
Noch dazu lassen sich viele Aufwände der eigenen Infrastruktur einsparen.
Dies muss für IT-Mitarbeiter nicht bedeuten, dass sie ersetzt werden. Ganz im Gegenteil. Es ergeben sich neue Tätigkeitsfelder und Chancen. Auch die Cloud-Umgebung muss verwaltet werden. Genauso muss zunächst der Weg in Cloud durchgeführt werden.
Gerade für kleine bis Mittelgroße Unternehmen sind Cloud-Lösungen optimal und bieten die Chance auf schnellstem Weg sein Unternehmen IT-Seitig fit zu machen. Das Beispiel Cloud-Foundation hat dies gut veranschaulicht.
Gegenüber stehen die Unternehmen mit festgelegter Strategie, die Daten in den eigenen vier Wänden zu behalten. Wer dies bevorzugt muss die Hardware und die Ressourcen wie Zeit und Anschaffungskosten tragen. Das Argument Sicherheit ist mittlerweile vermutlich nicht mehr aktuell, wenn man sieht mit welchem Aufwand die Cloud-Anbieter alles dafür tun, um ihre Infrastruktur zu schützen und Ausfallsicher zu machen. Was die Sicherheit betrifft kommt gegen das Rechenzentrum der größten Cloud-Anbieter vermutlich keine On-Premises Umgebung an.
Die Anbieter gehen mittlerweile auch mehr auf den Datenschutz ein. Microsoft als Beispiel garantiert, dass die abgelegten Daten in den entsprechenden Rechenzentren in der EU liegen. Damit unterliegen diese der Datenschutz-Grundverordnung DSGVO. Abgesehen von Benutzerdaten ist dies laut Microsoft tatsächlich der Fall. Ganz sicher kann sich dennoch niemand sein was mit seinen Daten geschieht.
Hier gibt es immer noch hohen Aufklärungsbedarf seitens der Cloud-Anbieter.

Cloud-Computing ist ein fester Bestandteil der IT-Welt geworden und in der Zukunft vermutlich die führende Alternative für IT-Lösungen. Die Kritik der Unternehmen bezüglich des Datenschutzes ist gerechtfertigt. Hier gibt es gerade in Deutschland ein anderes Bewusstsein als zum Beispiel in den USA. Verbessern sich die Cloud-Anbieter auf diesem Gebiet wäre auch das kein Argument mehr sich dessen zu verschließen. Sollen Aufwand und Kosten das Argument sein gewinnt die Cloud immer mehr an Vergleichen.
Die Vorzüge der Cloud wie Flexibilität, Skalierbarkeit und geringer Aufwand überwiegen meist und somit werden die Unternehmen auch diesen IT-Wandel mitgehen.

Literaturverzeichnis

[1] Bitkom, https://www.bitkom.org/Presse/Presseinformation/Nutzung-von-Cloud-Computing-in-Unternehmen-boomt.html, Zugriff 05.02.2019

[2] Peter Mell, Timothy Grance: *The NIST Definition of Cloud Computing.* National Institute of Standards and Technology (NIST), September 2011.

[3] Bundesamt für Sicherheit in der Informationstechnik, Cloud Computing Grundlagen, https://www.bsi.bund.de/DE/Themen/DigitaleGesellschaft/CloudComputing/Grundlagen/Grundlagen_node.html, Zugriff 26. Februar 2019

[4] IBM, https://www.ibm.com/cloud-computing/de-de/learn-more/iaas-paas-saas/, Zugriff 26. Februar 2019

[5] Aaron Dinnage, https://twitter.com/AaronDinnage, Zugriff: 17.06.2019

[6] Computerweekly.de, https://www.computerweekly.com/de/definition/Microsoft-Azure-Active-Directory-Azure-AD, Zugriff 17.06.2019

[7] Interner Demo-Tenant , https://aad.portal.azure.com/#blade/Microsoft_AAD_IAM/UsersManagementMenuBlade/AllUsers, Zugriff 17.06.2019

[8] Computerweekly.de, https://www.computerweekly.com/de/definition/Microsoft-SharePoint-Online, Zugriff 17.06.2019

[9] Interner Demo-Tenant , Zugriff 17.06.2019

[10] TechTarget, https://whatis.techtarget.com/de/definition/Microsoft-Teams, Zugriff 17.06.2019

[11] Interner Demo-Tenant , https://teams.microsoft.com/_#/discover, Zugriff 17.06.2019

[12] Interner Demo-Tenant https://outlook.office.com/ecp, Zugriff 17.06.2019

[13] Crisp Research, https://www.crisp-research.com/cloud-computing-vs-on-premise-und-managed-services/, Zugriff 13.06.2019

[14] Techdata, http://tdinsight.at/news-beitrag/hardware-vs-cloud-infrastruktur-kostenvergleich/, Zugriff 13.06.2019

[15] DSN Holding GmbH, https://www.datenschutz-notizen.de/office-16-und-office-365-datenschutz-handlungsbedarf-im-unternehmen-5521774/, Zugriff: 17.06.2019

[16] Microsoft, https://www.microsoft.com/de-de/trustcenter/CloudServices/office365/GDPR, Zugriff 17.06.2019

[17] OFD Systems GmbH, https://www.ofd-systems.com/blog/33-cloud-archtiektur, Zugriff 17.06.2019

[18] Microsoft, https://info.microsoft.com/rs/157-GQE-382/images/EN-BASIC-BizAnywhere-email7-9_Myths_About_Moving_To_The_Cloud.pdf, Zugriff 14.05.2019

[19]

[20] Cloudblick.de, http://cloudblick.de/93/it-outsourcing-vs-cloud-computing-%E2%80%93-worin-besteht-der-unterschied/, Zugriff 16.06.2019

[21] Softwareadvice, https://www.softwareadvice.com/resources/cloud-erp-vs-on-premise/, Zugriff 12.06.2019

[22] Work Wise Software, https://www.workwisellc.com/blog/differences-between-saas-and-on-premise/, Zugriff 12.06.2019

[23] Computerwoche, https://www.computerwoche.de/a/cloud-oder-on-premise-ein-unfairer-kostenvergleich,3331154, Zugriff 12.06.2019

[24] Crisp Research, https://www.crisp-research.com/cloud-computing-vs-on-premise-und-managed-services/, Zugriff 13.06.2019

[25] Cloudmagazin, https://www.cloudmagazin.com/2019/01/04/cloud-computing-das-sind-die-trends-2019/, Zugriff 20.06.2019

[26] Statista, https://de.statista.com/statistik/daten/studie/195760/umfrage/umsatz-mit-cloud-computing-weltweit/, Zugriff 18.06.2019

Kolibri 360 GmbH
Ferdinand-Jühlke-Straße 7
99095 Erfurt, Deutschland
produktsicherheit@kolibri360.de

Druck:
CPI Druckdienstleistungen GmbH
im Auftrag der
Kolibri 360 GmbH
Ferdinand-Jühlke-Str. 7
99095 Erfurt